中国工程院院士传记丛书

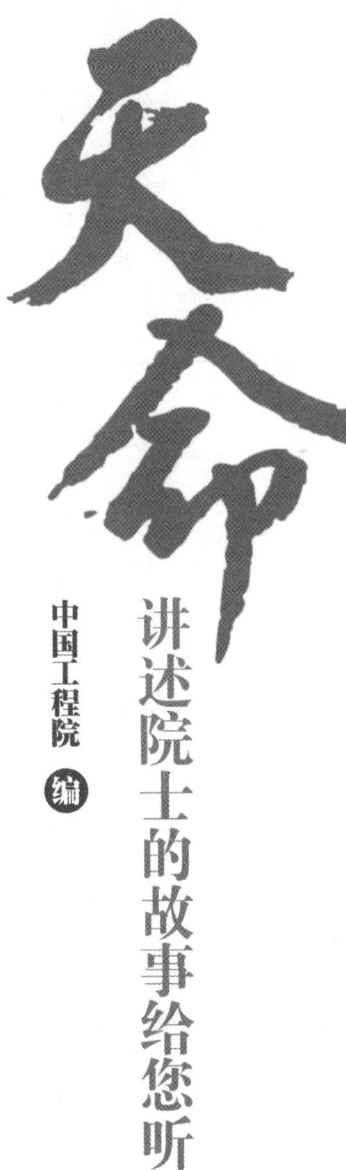

天命

讲述院士的故事给您听

中国工程院 编

人民交通出版社
China Communications Press

图书在版编目(CIP)数据

天命：讲述院士的故事给您听 / 中国工程院编. —北京：人民交通出版社, 2013.10
ISBN 978-7-114-10949-2

Ⅰ.①天… Ⅱ.①中… Ⅲ.①科学家—生平事迹—中国—现代 Ⅳ.①K826.16

中国版本图书馆CIP数据核字(2013)第246732号

Tianming Jiangshu Yuanshi de Gushi Gei Nin Ting

书　　名： 天命——讲述院士的故事给您听
著 作 者： 中国工程院
策划统筹： 董庆九　刘　畅
责任编辑： 吴晓东　黎青山　沈　墉　刘永超
出版发行： 人民交通出版社
地　　址： （100011）北京市朝阳区安定门外外馆斜街3号
网　　址： http：//www.ccpress.com.cn
销售电话： （010）59757973
总 经 销： 人民交通出版社发行部
经　　销： 各地新华书店
印　　刷： 北京盛通印刷股份有限公司
开　　本： 720×960　1/16
印　　张： 22.75
字　　数： 221千
版　　次： 2013年10月　第1版
印　　次： 2013年10月　第1次印刷
书　　号： ISBN 978-7-114-10949-2
定　　价： 45.00元

20世纪是中华民族千载难逢的伟大时代。千百万先烈前贤用鲜血和生命争得了百年巨变、民族复兴，推翻了帝制，肇始了共和，击败了外侮，建立了新中国，独立于世界，赢得了尊严，不再受辱。改革开放，经济腾飞，科教兴国，生产力大发展，告别了饥寒，实现了小康。工业化雷鸣电掣，现代化指日可待。巨潮洪流，不容阻抑。

忆百年前之清末，从慈禧太后到满朝文武开始感到科学技术的重要，办“洋务”，派留学，改教育。但时机瞬逝，清廷被辛亥革命推翻。五四运动，民情激昂，吁求“德、赛”升堂，民主治国，科教兴邦。接踵而来的，是18年内战、8年抗日和3年解放战争。恃科学救国的青年学子，负笈留学或寒窗苦读，多数未遇机会，辜负了碧血丹心。

1928年6月9日，蔡元培主持建立了中国第一个国立科研机构——中央研究院，设理化实业研究所、地质研究所、社会科学研究所和观象台4个研究机构，标志着国家建制科研机构的开始。20年后，1948年3月26日遴选出81位院士（理工53位，人文28位），几乎都是20世纪初留学海外、卓有成就的科学家。

中国科技事业的大发展是在新中国成立以后。1949年11月1日成立了中国科学院，郭沫若任院长。1950—1960年有2 500多名留学海外的科学家、工程师回到祖国，成为大规模发展科技事业的第一批领导骨干。国家按计划向苏联、东欧各国派遣1.8万名各类科技人员留学，全都按期回国，成为建立科研和现代工业的骨干力量。高等学校从新中国成立初期的200所，增加到600多所，年招生增至28万人。到21世纪初，大学有2 263所，年招生600多万人，科技人力总资源量超过5 000万人，具有大学本科以上学历的科技人才达1600万人，已接近最发达国家水平。

新中国成立60多年来，从一穷二白成长为科技大国。年产钢铁从1949年的15万吨增加到2011年的粗钢6.8亿吨、钢材8.8亿吨，几乎是8个最发达国家（G8）总年产量的两倍，20世纪50年代钢铁超英赶美的梦想终于成真。水泥年产20亿吨，超过全世界其他国家总产量。中国已是粮、棉、肉、蛋、水产、化肥等世界第一生产大国，保障了13亿人口的食品和穿衣安全。制造业、土木、水利、电力、交通、运输、电子通信、超级计算机等领域正迅速逼近世界前沿。“两弹一星”、高峡平湖、南水北调、高公高铁、航空航天等伟大工程的成功实施，无可争议地表明了中国科技事业的进步。

党的十一届三中全会以后，改革开放，全国工作转向以经济建设为中心。加速实现工业化是当务之急。大规模社会性基础设施建设、大科学工程、国防工程等是工业化社会的命脉，是数十年、上百年才能完成的任务。中国科学院张光斗、王大珩、师昌绪、张维、侯祥麟、罗沛霖等学部委员（院士）认为，为了顺利完成中华民族这项历史性任务，必须提高工程科学的地位，加速培养更多的工程科技人才。中国科学院原设的技术科学部已不能满足工程科学发展的时代需要。他们于1992年致书党中央、国务院，建议建立“中国工程科学技术院”，选举那些在工程科学中做出重大的、创造性成就和贡献，热爱祖国，学风正派的科学家和工程师为院士，授予终身荣誉，赋予科研和建设任务，指导学科发展，培养人才，对国家重大工程科学问题提出咨询建议。中央接受了他们的建议，于1993年决定建立中国工程院，聘请30名中国科学院院士和遴选66名院士共96名为中国工程院首批院士。1994年6月3日，召开了中国工程院成立大会，选举朱光亚院士为首任院长。中国工程院成立后，全体院士紧密团结全国工程科技界共同奋斗，在各条战线上都发挥了重要作用，做出了新的贡献。

中国的现代科技事业比欧美落后了200年，虽然在20世纪有了巨大进步，但与发达国家相比，还有较大差距。祖国的工业化、现代化建设，任重路远，还需要有数代人的持续奋斗才能完成。况且，世界在进步，科学无止境，社会无终态。欲把中国建设成科技强国，屹立于世界，必须接续培养造就数代以千万计的优秀科学家和工程师，服膺接力，担当使命，开拓创新，更立新功。

中国工程院决定组织出版《中国工程院院士传记》系列丛书，以记录他们对祖国和社会的丰功伟绩，传承他们治学为人的高尚品德、开拓创新的科学精神。他们是科技战线的功臣、民族振兴的脊梁。我们相信，这套传记的出版，能为史书增添新章，成为史乘中宝贵的科学财富，俾后人传承前贤筚路蓝缕的创业勇气、魄力和为国家、人民舍身奋斗的奉献精神。这就是中国前进的路。

宋健

2012年6月

P1-4 陈一坚

P39-42 王小谟

P77-80 王淀佐

中国工程院院士陈一坚 / 新华社记者：刘潇■摄

郭红松■绘

陈一坚

陈一坚（1930.6.21—）飞机设计专家。福建省福州市人。1952 年毕业于清华大学。长期从事飞机设计研究工作，主持参加了多个型号飞机的设计和研制，为我国航空工业的建设和发展，作出了突出贡献。作为飞豹歼击轰炸机总设计师，打破旧的设计规范体系，采用诸多新技术、新材料和新设备，使我国自行设计制造的第一种歼击轰炸机达到国家要求的战术技术指标，参加了国庆 50 周年阅兵，并组织几十个厂所成功地完成了研制任务，填补了我国的空白。获国家科技进步特等奖 1 项、二等奖 1 项，部级科技进步一等奖 4 项、二等奖 1 项。荣立一等功 2 次。1999 年当选为中国工程院院士。

春光好

春到闽城路设渡，
银鹰探高空。
欢歌节拍，凭高醉酒，此兴悠哉。

多情谁胜江南月，接地荼云开。
鹰击长空，军民同贺，醉意方芝。

陈一坚

书生志　击长空
——歼击轰炸机“飞豹”第一代总设计师陈一坚

赵展慧　《人民日报》记者

“飞机的机身和零件你都摸过没有？”陈一坚这样询问唐长红。前者是我国第一架自行设计研制的歼击轰炸机“飞豹”的总设计师，后者是新一代“飞豹”总设计师。

“自己研制的飞机就像自己的孩子，要带着像摸孩子那样深厚的感情去抚摸、感受、疼爱飞机，对它倾注感情才能负起全责。”陈一坚说。

泪如倾，气填膺，三个志愿皆“航空”

1982年，陈一坚被任命为国产歼击轰炸机的总设计师。当时陈一坚就清楚地知道：自己的命运从此和这架不知何时才能问世的歼击轰炸机紧紧捆绑在一起。

其实，他的命运早就和歼轰机联系在了一起。

抗日战争爆发后，陈一坚告别了宁静的生活，随家人从福州来到福建省最重要的水路交通枢纽南平。日军小飞机经常对这个进入东南内陆的必经之地进行轰炸。“日本飞机非常猖狂，飞得很低，飞行员的样子看得一清二楚。”这是陈一坚对飞机的第一印象，却如同梦魇。

年幼的他与大人们一起躲在防空洞里。一位母亲带着襁褓中的婴儿，大家害怕孩子哭声会被日本飞行员听到，这位母亲就让孩子吃奶来捂住他的嘴巴，结果就把孩子活活闷死了。

“为什么我们没有飞机？”那个惨景至今仍像电影一样在他脑海里重放，也第一次让他感到“无还手之力”的切肤之痛。“泪如倾，气填膺”，在“飞豹”通过定型审查后，陈一坚将这种情感用一阕《江城子》道尽。

“晚昏犹萌顽童志，报华夏，慰我祖”，童年深埋的情感种子终于萌发成了报国的大志。报考厦门大学时，陈一坚认准了要学航空、造飞机，三个志愿都写上了航空，并且下定决心：不录取我，就换个大学再去考，直到被航空系录取！

量力而行？有所作为！

阎良，这座距离古城西安50公里的航空工业城，是“飞豹”诞生和成长的地方。

十年制成，十年试飞。在中航工业第一飞机设计研究院研制“飞豹”的这20年，陈一坚认为是他生命中最辉煌的岁月。

1981年，国家财政紧缩，军费大幅削减，“飞豹”由重点型号降为“量力而行”项目。经费削减、进度放慢、

基建缓建，基本处于“下马”状态，陈一坚急了。男儿泪，不轻弹，他还是流下了眼泪，“我们理解国家当时的难处，但这个飞机是空军海军都迫切需要的！”

陈一坚说，没有歼击轰炸机，海军作战时就没有了空中“保护伞”，就得捏着汗跟人打，“海军部队告诉我，如果人家跑到南沙跟我们较劲儿的话，我们就够不着了，最重要的是没有自己的飞机在空中保护，如果出现敌方飞机，我们的军舰只能被动挨打。”陈一坚听了心里很不是滋味，“部队都期盼到了这个地步，我们再干不出来，真是太丢脸了！”

没有研制费，但是工资和办公费，纸、笔钱总还是有的，“飞豹”研制团队就这样继续方案调整、打样设计，根治原方案中的重大缺陷，坚持了约一年时间，在其他配套单位已经全部停止研制的情况下，“飞豹”设计图已经一摞摞摆在案上。

“上级说‘量力而行’，我们在后面加了四个字‘有所作为’！”陈一坚说。

他们的坚持，让“飞豹”的命运出现转机。1982 年，时任中央军委主席的邓小平批复，“飞豹”重新列入国家重点型号，研发工作转入全面详细设计阶段。

1988 年，“飞豹”迎来了首次呼啸长空的机会。此后，“飞豹”又经历了长达 10 年的试飞，每一次惊心动魄的试飞都让它成长得更茁壮。

1998 年，飞豹正式列装服役，这架完全由中国人自行设计研制的歼击轰炸机，大大增强了我军对地对海的作战能力和远程支援能力，成为当时国产战斗机中唯一可以覆盖南中国海地区的机型，从此，中国空军掀开了更加“有所作为”的一页。

一介书生，创新乃日常事

“我只是一介书生。”陈一坚说。

对这个书生来说，创新不是火花四射的激情迸发，而是日常的工作，“就是遇到问题不吭声，自己去学习去解决”。

改革开放后，陈一坚赴德国参观空中客车工业公司的前身 MBB 公司，看到好几柜子研制飞机的美式技术规范，翻了几本后，陈一坚被震撼了：这个规范太先进了！当时我国长期按照苏式技术规范、管理模式研制飞机，这与实现“飞豹”的设计要求有着难以想象的差距。就在短时间的参观中，他很快领会了苏式规范和美式规范的差异。

陈一坚团队毅然决定规范转轨。一个创新的标准树立了，之后各种困难考验接踵而来。

选择了美式规范，飞机的设计计算能够更加精确，却非常费时，非得用计算机才行。勒紧裤腰带买来了新的设计工具却不会用，怎么办？陈一坚又发挥了善“啃”书的能力，买来许多这方面的书籍、资料，先扫盲后又自学编程。因此，“飞豹”成为了国内最早开展计算机辅助设计的机种之一。

如今，已经 83 岁高龄的陈一坚仍然为大飞机的发展奔波呼号，依然密切关注着新“飞豹”的研发和升级，为航空人才的培养不遗余力。

第一代“飞豹”研制历经20年，而如今“新飞豹”从立项到装备部队只用了短短数载；原来的飞机设计需要铅笔和尺子画成的几万份图纸，如今只需要借助全三维数字化技术就能研制飞机；原来飞机的机翼机身整合需要一个月的时间，如今只需要几小时……

形变化，魂继承，“飞豹精神”又在新的团队里流传。

“书生”探苍穹，助飞“中国梦”

冯国、许祖华　新华社记者

漂浮是一种物质的存在状态，而几十吨重的中国“飞豹”能在天空自由翱翔，却是陈一坚等一代代中国飞机设计者持续探路苍穹的结果。这里面，浸含着与国家共命运的情怀，也离不开拿来主义的胸襟和持续创新的精神。

“为什么我们没有飞机？”

83岁的陈一坚院士消瘦矍铄，谈起童年时遭受日军轰炸而矢志造飞机的经历激动不已。他告诉记者，满天轰鸣的日军轰炸机成为他对飞机的最初记忆，也成为他挥之不去的梦魇。那种惨景带来的强烈刺激，一直到今天还是刻骨铭心。可以说，家国命运把人逼上了飞机设计之路。

“为躲避日军飞机轰炸，自己曾与大人们一起躲在崖边的墓洞之中，而有的母亲因为恐惧竟不小心把婴儿活活闷死怀中。那一幕简直太惨了！我一辈子都忘不掉。我当时就有一个问号：为什么我们没有飞机？为什么天上看不到我们的飞机？”

陈一坚说：“厦门解放后，一看招生简章，厦门大学有航空系！当时航空专业在新中国乃至世界上都是新兴的学科，我当机立断，就考航空系！于是，我三个志愿都写上了航空专业，下决心要学航空、造飞机。结果我考上了。”

后来院系调整，陈一坚又来到了清华大学航空系，开始践行“为祖国健康工作50年”的理念。“清华注重理论基础教育，同时鼓励学生朝各自有兴趣的方向自由发展。这使我受益匪浅。”他说。

“自主设计并不遥远！”

火车跑得快全靠车头带。对于飞机，龙头就是设计，有了自主知识产权的设计才有制造，自主设计决定了飞机的性能、用途、材料、维修和寿命。更重要的是，谁拥有自主设计飞机的能力，谁就拥有某型号飞机甚至航空产业的话语权。

在经过几年的修理、仿制苏联飞机之后，陈一坚等人作为新中国第一批飞机设计专业人才，于1956年参加了新组建的新中国第一个飞机设计室，开始迈出中国飞机走向自主设计的第一步。

“参与中国第一架自行设计的歼教-1飞机研制，是我职业生涯的真正起步。”陈一坚说，从1956年10月开始设计，到1958年7月26日首飞成功，歼教-1飞机只用了一年零九个月。经过歼教 -1 飞机的设计和试制，中国第一支白手起家的飞机设计队伍实现了自行设计飞机的零的突破。

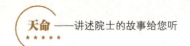

1961 年沈阳飞机设计研究所成立后，陈一坚开始对当时最先进的新型歼击机之一——米格 -21 进行反设计。此时，他得到恩师徐舜寿的帮助和培养，先后干过飞机总体、气动、强度、结构、系统等专业设计，为以后担任重点飞机型号的总设计师、熟悉各专业情况、统揽全局打下坚实基础。“徐舜寿、吴大观等都是新中国成立前成长起来的新中国航空工业奠基人，我是新中国航空工业培养的第一代飞机设计师，他们在飞机设计和航空理论研究上，都是我的导师和楷模。”陈一坚说。

改革开放为中国的飞机设计提供了新机遇。国家决定自主设计、制造高性能的中国“飞豹”，陈一坚 1982 年被任命为总设计师。“选取飞机设计规范是总设计师首先要面对的重大问题。当时飞机设计规范不是苏联的，就是美国的。苏联的相对保险但保守，美国的风险较大而先进。奔着飞机研制成功后 20 年不落后的目标，我们最终选择了美国标准！我也把自己的命运与‘飞豹’捆绑在了一起，这是一生中的最后一搏，只许成功不能失败！”陈一坚回想起 50 多岁的抉择时，坚定地说。

“最关键的是创新！”

几经曲折和磨难，中国“飞豹”在 1988 年 12 月实现了首飞，1998 年珠海国际航展首次亮相，1999 年荣获国家

科技进步特等奖。这架双座双发多用途全天候超音速歼击轰炸机，不仅标志着中国航空工业实现了从测绘仿制到自行研制的历史性跨越，也让中国人首次拥有了自己完全知识产权的国产飞机。

1999 年当选中国工程院院士的陈一坚说："我不是一个人，我的背后是一个团队，是一个国家。我们自觉地把个人的命运与国家意志紧密结合起来，以艰苦奋斗的'穷棒子精神'，把学习、仿制当成一个渐进的积累过程，渐渐培育创新的火花、灵活的思维和协同的行动，时机一到就会瞬间绽放成果之花。"

正如陈一坚所言，中航第一飞机研究院作为我国最重要的飞机设计团队，在型号研制上坚持"一个型号上一个台阶"的技术发展思路，通过"飞豹"、空警 2000、ARJ21 等型号的应用牵引，已走过了全机数字样机、跨地域并行设计、基于 MBD 的全三维关联设计及协同研制等几个阶段，实现了甩图板、甩图纸和全三维数字化跨地域设计制造三个技术跨越。

人才团队、技术力量的培育，永远是提升核心竞争力、实现可持续发展的根本保证。自称"三年不学习，院士就应当退休"的陈一坚一直爱好音乐和古代诗词，他告诉记者："在建设创新型国家、实现中国梦的征途上，关键是要创新，要有创新思维！要敢想敢干、百折不挠！"

为国铸剑

——记中国工程院院士、“飞豹”飞机原型机总设计师陈一坚和他的“飞豹”创新团队

杨永林、张哲浩 / 史俊斌　《光明日报》记者 / 通讯员

大国崛起，需要强大国防；民族复兴，有我重器守土安邦。

“我看大家还是最好聚焦我们的‘飞豹’创新团队，报道我们的一飞院吧！我仅仅是‘飞豹团队’的一丁点。”7月11日下午，在西安市阎良区中航工业西安第一飞机设计研究院（简称“一飞院”）的一间普通会议室里，面对众多的中央主流媒体集体访谈，83岁高龄的中国工程院院士、“飞豹”飞机原型机总设计师陈一坚老先生这样开场。

“飞豹”之父陈一坚

1930年6月，陈一坚出生于福建省福州市，他的少年时期是伴随着日军轰炸机对家乡的肆意践踏而度过的。“我自己当时就心有疑问：为什么中国没有飞机？‘无

力还手’的切肤之痛一直深藏在我的心头！”陈一坚回忆说。

陈一坚是建国后清华大学培养的第一批大学生，1948年大学入学时，他把三个志愿全写上了航空系！大学毕业后，他先后辗转哈尔滨、沈阳、南昌和西安等地工作，但始终从事飞机设计研究工作，为歼教-1、初教-6、强-5、运-7、“飞豹”等多个飞机型号的设计研制贡献了自己的盛世年华与心血智慧。他主持完成的60CAD/CAM系统，获国家科技进步二等奖。他成功地领导并组织完成了“飞豹”飞机的研制任务，填补了我国歼击轰炸机的空白，我国的飞机设计自此从测绘——仿制真正走上了自行研制道路，被行内外誉为“飞豹之父”。1999年该机荣获国家科技进步特等奖。他本人当年当选为中国工程院院士。

“飞豹”是党中央、国务院、中央军委批准研制的重点武器装备。该机研制是在既无原准机又无外援的条件下进行，采用了数十项当时最先进的技术，很多机载设备也是新研制的，技术难度大，并涉及10个部委、数百个厂所，是一项复杂的大型系统工程。

身为型号总师，作为重大技术方案和关键技术的决策者、系统工程的组织者和管理者，他以满足国防需求为己任，竭尽全力优化总体技术方案，出色地完成了研制任务。

当选中国工程院院士后，陈一坚为祖国航空科研事业建言献策的激情丝毫未减，经常应邀出现在国内高校的学术演讲和报告会上。用自己的经历给新一代飞机设计师和航空爱好者进行生动的爱国主义教育。他矢志不渝、奋发拼搏、为国铸剑的激情所到之处感染一片。

“飞豹文化”产生不竭动力

正如陈一坚院士所说，“飞豹”是一个团队的成就，总设计师只是整个团队中的一个角色和一个代表。

一飞院某部领导崔斌峰对记者说，一飞院的文化又称“飞豹文化”，是因为“中国飞豹”已经成为享誉国内外的响亮品牌，“飞豹”飞机研制过程中孕育出的“飞豹精神”也是“飞豹文化”的核心和精髓。

在简陋的芦席棚、露天的运动场，设计人员夜以继日地开展国内飞机最庞大、最复杂的地面模拟试验。半个世纪以来，一飞院从无到有，一飞院人自觉将个人命运与国家意志紧密结合，突破了新技术一般不超过 20% 的设计禁区，一次次拉近中国航空工业与世界的距离。

1970 年 12 月 26 日，由一飞院测绘设计的我国首架支线客机——运 -7 飞机首飞成功，标志着中国民用航空新的开端。

1971 年 7 月 1 日，我国首架空中预警机——空警一号试飞成功，又经过 3 年试飞攻关，达到设计要求，使中国成为世界上第三个拥有预警机设计能力的国家。

1988 年 12 月 14 日，我国首架歼击轰炸机——“飞豹”（即歼轰 -7）经过三落三起的艰苦历程，实现首飞。

研制中国自己的民用飞机是航空人多年的梦想。

2001 年，一飞院以市场化方式与石家庄飞机工业有限责任公司、中国民航飞行学院合作，启动了被称作“空中小轿车”的小鹰—500 项目。2005 年 10 月，该机获得中国民航总局颁发的飞机型号合格证，标志着中国自行研制的首架拥有完全自主知识产权的小型通用飞机可正式投入市场。

2008 年 11 月，一飞院作为重要力量参与研制的支线客机 ARJ21 飞机成功首飞。

在“飞豹”系列型号的研制历程中，无数可歌可泣的事迹和艰难困苦磨练，孕育出一飞院以不畏艰险的勇气、自强自立的骨气、敢为人先的豪气、不服输的志气和言行必果的胆气所集中体现的“飞豹精神”。1999 年 8 月，总装备部、海空军、国防科工委的有关领导及“飞豹”参研单位的代表云集一飞院，对其成功研制进行了深入探讨，总结提炼出最具鲜明特色的“飞豹精神”：献身航空的报国精神、百折不挠的拼搏精神、科学严谨的求实精神、敢为人先的创新精神、激情和谐的团队精神。

“飞豹精神”是沉淀于一飞院人血脉之中代代传承的文化精髓，正是这种以“航空报国，强军富民”为己任的精神，成为一飞院珍贵的传家宝和不断走向成功的强大精神动力。

飞豹横空叩天阙

佘惠敏　《经济日报》记者

采访陈一坚的时候，这位耳聪目明的中国工程院院士思路敏捷、言语风趣，很难想象他是一位已经 83 岁的老人家。回首一生往事，曾历经磨折却豁达开朗的陈一坚表示，“我从小想学飞机，长大了做的也是飞机。学而致用，我是从头到尾。这一生，我很幸福”。

不平之气

我第一次见到的飞机，就是日本战斗机。为什么我们没有飞机？

1930 年，陈一坚出生在福建的一个大家族中，父亲是中国早期的留学生，在福州大学任机械系教授。满室书香的家庭环境，自由开放的家庭教育，让陈一坚从小就热爱读书。8 岁才上学的他，直接从四年级读起，这都是自由读书打下的基础。

1942年，他随父亲所在学校撤到福建南平，就是在这里，少年陈一坚第一次见识到他后来为之毕生奋斗的飞机。“我第一次见到的飞机，就是日本战斗机。”陈一坚曾和大人们一起在山上墓穴中躲避轰炸，亲眼看见一个母亲怕孩子哭叫引来日机，选择捂住孩子嘴巴，最后生生把孩子闷死。“那一幕太惨了！为什么我们没有飞机？”

“千里南疆雾茫茫，故国土，自难忘。狂涛骇浪，几处设国防。狼烟四起曾相识，泪如倾，气填膺。”老年陈一坚回忆这段少年经历时，曾填下这首《江城子》的上半阙。

这股不平之气影响了他的志愿。1948年，厦门解放，厦门大学开始招生，专业设置中有航空系，陈一坚报名参考，将志愿表中3个志愿全填上航空！“我就是认准了要学航空、造飞机——如果我们没有飞机，将来还会受人欺侮。”

1951年，厦大与清华的航空系合并，陈一坚又从厦大转入清华园继续学习。这里名师济济，他听沈元讲理论空气动力学，从陆士嘉处学习空气动力学，去物理系听周培源讲理论力学课，跟马约翰学百米起跑姿势……他贪婪地汲取着各种知识，几乎天天都在图书馆自习到夜里12点才回去睡觉。

“我有幸能在清华打下扎实的理论基础。”陈一坚说，正是因为有了这个基础，他在1952年分配到哈尔滨122厂从事飞机设计工作后，短短几年间进步飞快，迅速成长为技术骨干。

书生之道

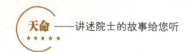

我是一介书生，书生没别的本领，就是会看书，会学习。

“学习”和“创新”，是贯穿陈一坚整个工作生涯的两个关键词。

初到122厂，设计科有苏联专家坐镇，原来只学过英语的他，愣是学会了看俄文图纸和资料。

时值抗美援朝，损坏的飞机都送到122厂来修，在没有图纸的情形下，他从修理飞机入手，逐渐转入仿制飞机。“3年间，我们走过了修理和仿制两个阶段，这在世界上也是非常少有的速度。”

1956年底，他告别新婚的妻子王士珍，来到新组建的设在沈阳112厂的中国第一个飞机设计室，结识恩师徐舜寿，投入歼教–1飞机设计。1958年歼教–1实现首飞，从设计到首飞不足两年，陈一坚是当时的机身组设计员。“离开学校仅6年，就实现了设计中国人自己的飞机这一梦想，我非常高兴。”

参与了多种飞机的设计工作后，1964年，他随徐舜寿转战西北，来西安组建大型飞机设计所——603所。在轰–5飞机改进、运–7飞机仿制中，他一直在学习。甚至在运–7项目被“文革”中断期间，他还不忘徐舜寿的嘱托，自学了疲劳力学和断裂力学，编写了我国第一份飞机疲劳试验大纲。

“‘文革’期间，我曾被分去养羊养猪。养猪我本来不会，自己看书，学配饲料，学给猪治病，把猪养得很肥。”谈起曾经的坎坷，陈一坚毫无怨尤。

“文革”结束后，陈一坚担任歼轰–7（中国“飞豹”）的总设计师时，还在50余岁时和所里的年轻人一起学会了计算机编程，推动了“飞豹”的计算机辅助设计工作。

三起三落

从1978年到1988年，他们用10年时间实现首飞，全部研制经费仅10亿元人民币，让美国评论员惊叹“不可理解，无法想象！”

“飞豹”的研制曾经三起三落。

它是我国第一款歼击轰炸机。“从国家和部队的角度，这个飞机是迫切需要的。当时世界上的军用飞机开始向大航程、高载弹量方向发展，我国还是一片空白。”对陈一坚来说，国家的需要就是他研发的动力。

可是，这个1977年立项的项目，在改革开放初期百废待兴、经费紧张的情况下，曾三度面临“下马”风险，是以陈一坚为代表的研制团队的不计得失、忘我工作，才一次次“保胎”成功。作为“飞豹”总设计师，陈一坚在1981年第一次面临项目“下马”，向上级汇报工作时，一向豁达的他也忍不住泪如雨下。痴迷于国防事业的603所全体设计人员，在国家一度停拨型号研制费长达一年的情况下，坚持“飞豹”研究，画出了一摞又一摞设计图，最终感动了上级决策部门，让“飞豹”命运出现转机。

从1978年到1988年，他们用10年时间实现首飞，全部研制经费仅10亿元人民币，约合当时的1亿美元，让美国评论员惊叹“不可理解，无法想象！”这些，都是他们通过在猪圈上建成强度实验室，在席棚里做实验……一点点省出来的。

10年首飞后，是长达10年的试飞。他们听取飞行员们的意见，根据试飞中的各种参数，一样样进行调整改进。1998年8月，国家有关部委批准“飞豹”飞机设计定型。次年，“飞豹”荣获1999年度国家科技进步特等奖。

1998年的珠海航展上，“飞豹”搏击长空，成为航展最大的亮点。作战半径大、攻击威力强、低空特性好的“飞豹”，不仅填补了我国歼击轰炸机机种的空白，使我国的飞机设计从过去的测绘仿制真正走上了自行研制的道路，还表明了中国军队的作战理念已经有了飞跃式进步。

也就是在新机通过定型审查之后，终感此生不虚的陈一坚写下了前述那首《江城子》，下半阕正是他为“飞豹”付出心血的写照：“冬去春来十余载，图万卷，鬓如霜。苦辣酸甜，徒手卷平川。晚昏犹萌顽童志，报华夏，慰我祖。”

雏鸟长成

飞机研制是团队工作，我最骄傲的是我的团队。

在603所基础上成立的中国航空工业集团公司第一飞机设计研究院，近10年研制出新“飞豹”、空警-2000、

运 –20 等一个又一个搏击长空的新机型，这些“新”雄鹰的长成，离不开“飞豹”这头“老”雄鹰奠定的基础和经验。

为了追赶当时的世界先进水平，“飞豹”在研制过程中曾冒险打破不少老规范。

“飞豹”改变了我国飞机设计的“宪法”。我国飞机设计曾长期沿用前苏联规范，陈一坚在飞豹研制之初大胆决策，选用国际上更先进的军用飞机设计规范——美国规范。“如果不冒这个风险，就会永远‘穿新鞋，走老路’，国家花了那么多的钱，得不到一个先进的飞机，技术上也不能获得大的进步，这是对国家、人民的不负责任。”

“飞豹”开创了我国军用飞机计算机辅助设计的先河。前苏联规范采用解析方程，精度较差但运算量小，用计算尺即可完成工作。美国规范采用运动微分方程，运算量大，必须使用计算机。而在 20 世纪 80 年代初，计算机还是新鲜事物，还在使用纸带打孔这种原始的输入数据方式。陈一坚团队与西安地区 140 多位教授和科技人员联手，用 5 年时间研制成当时集成度最高的计算机辅助飞机设计的软件系统，被评为 1986 年国家科技 10 大成就之首。

“飞豹”还改变了我国军用飞机设计的规范。在应力分析方法上，陈一坚提出了全面开发应用有限元法代替传统的工程梁法，实现了从局部求解到全机求解的重大飞跃。在全机静力试验中，陈一坚提出了达到 67% 设计载荷即可首飞的决断性意见，这是对以往达到100%设计载荷方能首飞的传统做法的重大突破，大大缩短了研制周期。

现在，我国的军用飞机设计都已采用新规范，都用计算机辅助设计，都能全机求解，都是达到67%设计载荷即可首飞……

已经退出一线飞机设计工作的陈一坚，依旧关注着他带出来的这个团队。团队中，许多当年的幼苗如今已长成骨干栋梁。随着中国国力的增强，各种新型号飞机的研制工具更先进、技术更成熟、设计周期更短，再也不用遭遇当年“飞豹”那样的坎坷，而“航空报国、强军富民”的宗旨和“报国、拼搏、求实、创新、团队”的“飞豹精神”则在一飞院更年轻的研究群体中扎下根来，代代相传。

采访感言

与新中国一同成长

“在人生道路的很多十字路口，个人利益与国家利益是有机统一的。”这是陈一坚个人自述中的一句话。

事实上，与新中国一同成长，将国家利益视为个人利益，将个人的事业梦与国家的强国梦统一在一起，正是许多像陈一坚这样的军工科学家毕生所坚持的。坎坎坷坷中的坚毅执著，大起大落中的豁达平和，让他们创

造并记载了中国航空史上的无数个第一。

他们曾经看人脸色，在没有图纸的情况下手工测绘一个个零件，做出“山寨飞机”。他们如今从容自信，不必再用手工绘图，就可以在微机上设计出全数字样机，得到所有零件的精确三维数据。他们曾经筚路蓝缕，从砌砖开始搭建自己的实验室。他们如今众志成城，在一些关键设计领域历经几代人的研究，锤炼出世界独有的先进技术。

从望尘莫及到望其项背，再到近乎并驾齐驱，中国航空技术与世界先进水平的差距不断缩小，这与我国综合国力的不断提高相呼应，正展示了他们与新中国一同成长的过程。只有这样的中国梦，才能凝聚最广泛的力量，造就最伟大的奇迹。

飞豹横空叩天阙

——记我国首架歼击轰炸机总设计师

韩秀　中央人民广播电台记者

“飞豹”战斗机是我国目前载弹能力最强、航程最远、作战半径最大的的国产歼击轰炸机。它的总设计师陈一坚和研究团队经过十年铸剑，将我国第一架歼击轰炸机送上了蓝天。

“航空报国情难绝，飞豹横空，直叩天阙。”

在从事飞机设计工作40余年后，中国工程院院士陈一坚写下了这样的词作，其实，他的命运早就和歼轰机联系在了一起。

抗日战争爆发后，陈一坚第一次见到了飞机，却如同梦魇。

“那时候日本人轰炸后方轰炸得很凶的，中国不是有棺材洞嘛，老百姓把棺材拖出来，不是有个窟窿眼吗，人坐在地上往里面蹭，有孩子哭，母亲怕哭声日本的飞行员听见，就把孩子捂死了。我那时很小，我就只是想，

为什么只有日本人的飞机，我们的飞机哪里去了？”

为什么我们没有飞机？这股不平之气影响了陈一坚的高考志愿。

“有了这个挨炸的烙印，咱们搞航空去！”

毕业后，陈一坚参与、主持了多种飞机设计工作。1982年，陈一坚被任命为国产歼击轰炸机的总设计师。飞机设计规范的选取是他首先要面对和决策的重大问题。

“要说老老实实的服从命令，仍然选用苏联规范我不会有错，但是我算过，这个飞机可能完成不了军委给的一大堆指标。我决心，转！转轨。”

十年行走在失败边缘之后，1988年，陈一坚终于等到了“中国飞豹”首飞的这一天。

如今，已经83岁高龄的陈一坚仍然为大飞机的发展奔波呼号，依然密切关注着新“飞豹”的研发和升级，为航空人才的培养不遗余力。

陈一坚：“飞豹”之父
——记我国首架歼击轰炸机总设计师

史俊斌　《科技日报》记者

7月11日，在陕西省西安市阎良区中航工业西安第一飞机设计研究院（简称“一飞院”）的一间会议室里，面对众多的中央媒体记者集体访谈，83岁高龄的中国工程院院士、“飞豹”飞机原型机总设计师陈一坚先生这样开场道：“我的一生很幸运，什么好事都让我搭上了，80多岁的老头竟被这么多中央媒体‘关照’，我看大家还是最好聚焦我们的‘飞豹’创新团队，报道我们的一飞院，我仅仅是‘飞豹文化’的一丁点。”

三个志愿全是航空系

1999年，在国庆50周年的盛大阅兵式上，天安门广场上空呼啸而过的“飞豹”六机箭形编队格外引人注目。观礼台上，一位文质彬彬的长者仰望天际，脸上流露出凝重与自豪的神情。这一鸣惊人的时刻，谁能理解老人

已经积蓄了半个世纪的“航空报国”情结？他就是中国工程院院士、中国“飞豹”飞机原型机总设计师。

1930 年 6 月，陈一坚出生于福建福州，他的少年时期是伴随着日军轰炸机对其家乡的肆意践踏度过的。那时，他经常跟随大人们一起在山上的墓穴里躲避轰炸，也曾亲眼目睹一位母亲和她襁褓中婴儿的悲惨遭遇。“日本人非常猖狂，飞机低得人在地面也能看见飞行员。当时的人比较愚昧，孩子受到惊吓之后总要不断哭叫，大家以为孩子的哭声会被日本飞行员听到，生怕再次引来飞机轰炸，强烈要求那个母亲管住孩子，可她就让孩子吃奶捂住孩子嘴巴，结果把孩子活活闷死了。那一幕简直太惨了，我终生也不会忘记！自己当时就心有疑问：为什么中国没有飞机？‘无力还手’的切肤之痛一直深藏在我的心头！”陈一坚回忆说。

陈一坚是清华大学培养的新中国第一批大学生。1948 年大学入学时，他把三个志愿全写上了航空系。大学毕业后，他先后辗转哈尔滨、沈阳、南昌和西安等地工作，始终从事飞机设计研究工作，为歼教 –1、初教 –6、强 –5、运 –7、“飞豹”等多个飞机型号的设计研制贡献了自己的盛世年华与心血智慧。他主持完成的 60CAD/CAM 系统，获国家科技进步二等奖。他领导并组织完成了“飞豹”飞机的研制任务，填补了我国歼击轰炸机的空白，我国的飞机设计自此从测绘—仿制真正走上了自行研制道路，被行内外誉为“飞豹之父”。1999 年该机荣获国家科技进步特等奖。他本人当年当选为中国工程院院士。

“飞豹”型号总师

“飞豹”是党中央、国务院、中央军委批准研制的重点武器装备。该机研制在既无原准机又无外援的条件下进行，采用了数十项当时最先进的技术，很多机载设备也是新研制的，技术难度大，并涉及10个部委、数百个厂所，是一项复杂的大型系统工程。但“飞豹”的研制费用只是国外同类飞机研制费用的几十分之一，为国家节约了大量外汇和研制经费。“飞豹”飞机数百项成品中，仅创新性成品就占总成品的45%，确保了飞机研制的先进性。

身为型号总师，作为重大技术方案和关键技术的决策者、系统工程的组织者和管理者，他以满足国防需求为己任，竭尽全力优化总体技术方案，出色地完成了研制任务。“飞豹”1995年参加了海军新武器装备演示，1998年国务院、中央军委批准设计定型，1998年以“中国飞豹”之名在珠海航展上首次亮相，1999年参加了国庆50周年大阅兵，每次公开展示，都能壮我国威，振我军威！

当选中国工程院院士后，陈一坚为祖国航空科研事业建言献策的激情丝毫未减，经常应邀出现在国内高校的学术演讲和报告会上。用自己的经历给新一代飞机设计师和航空爱好者进行生动的爱国主义教育。特别是为大飞机等国家重点工程的立项做出了积极而富有成效的

努力，国家最终批准大飞机研制正式立项，全面启动实施大飞机计划。他矢志不渝、奋发拼搏、为国铸剑的激情所到之处感染一方。

“飞豹文化”产生不竭动力

正如陈一坚经常所说，“飞豹”是一个团队的成就，总设计师只是整个团队中的一个角色和一个代表。

一飞院某部领导崔斌峰对记者说，一飞院的文化又称“飞豹文化”，是因为“中国飞豹”已经成为享誉国内外的响亮品牌，“飞豹”飞机研制过程中孕育出的“飞豹精神”也是“飞豹文化”的核心和精髓。

在简陋的芦席棚、露天的运动场，设计人员夜以继日地开展国内飞机最庞大、最复杂的地面模拟试验。半个世纪以来，一飞院从无到有，一飞院人自觉将个人命运与国家意志紧密结合，突破了新技术一般不超过 20% 的设计禁区，一次次拉近中国航空工业与世界的距离。

1970 年 12 月 26 日，由一飞院测绘设计的我国首家支线客机——运 –7 飞机首飞成功，标志着中国民用航空新的开端。

1971 年 7 月 1 日，我国首架空中预警机——空警一号试飞成功，又经过三年试飞攻关，达到设计要求，使中国成为世界上第三个拥有预警机设计能力的国家。

1988 年 12 月 14 日，我国首架歼击轰炸机——“飞豹”（即歼轰 –7）在设计手段落后、基础薄弱、条件异常简陋的情况下，经过三落三起的艰苦历程，实现首飞，并于1999年荣获国家科技进步特等奖。歼轰-7的成功研制，标志着中国航空工业实现了从测绘仿制到自行研制的跨越，在此基础上，仅用短短数载春秋，一飞院人便将歼轰-7A飞机放飞蓝天，并在我国航空业内首次采用三维数字化设计技术，设计出了中国第一架全机数字化电子样机；研制出拥有自主知识产权、当时国内先进的综合航电火控系统，大幅提升了飞机的战斗力。目前，歼轰-7A已成为我军主战机种。

为了“空中小轿车”的梦想

研制中国自己的民用飞机是航空人多年的梦想。2001年，一飞院以市场化方式与石家庄飞机工业有限责任公司、中国民航飞行学院合作，启动了被称作“空中小轿车”的小鹰-500项目。2005年10月，该机获得中国民航总局颁发的飞机型号合格证，标志着中国自行研制的首架拥有完全自主知识产权的小型通用飞机可正式投入市场。

2008年11月，一飞院作为重要力量参与研制的新支线客机ARJ21飞机成功首飞。

全三维数字化技术是一飞院的看家本领。传统需要一两个月的翼身对接，几个小时就可以完成。长数十米的机翼，进行大十字架对接，最后误差只有0.02毫米。据一飞院科研部夏旻介绍，使用这项技术，使某型号的设计周期缩短40%，使生产准备周期缩短75%，使工艺设备设计周期缩短40%，使制造周期至少缩短30%。在

国内首次实现了三维数字化技术在大型飞机研制中规模化体系化应用，标志着我国飞机研制真正进入全三维数字化时代。这套标准体系和研制模式已被完全移植到我国新型号运-9、MA700DE的型号研制之中。在做数字化工厂规划中的数据化装置技术调研时，科技部专门请一飞院介绍经验。如今全国在研的飞机型号全都推行三维数字化技术，连其他行业的龙头项目蛟龙600也准备品尝三维数字化这道珍馐佳肴。

在“飞豹”系列型号的研制历程中，无数次艰难困苦的磨练，孕育出一飞院以不畏艰险的勇气、自强自立的骨气、敢为人先的豪气、硬不服输的志气和言行必果的胆气所集中体现的“飞豹精神”。1999年8月，总装备部、海空军、国防科工委的有关领导及“飞豹”参研单位的代表云集一飞院，对其成功研制进行了深入探讨，总结提炼出最具鲜明特色的“飞豹精神”：献身航空的报国精神、百折不挠的拼搏精神、科学严谨的求实精神、敢为人先的创新精神、激情和谐的团队精神。

“飞豹精神”是沉淀于一飞院人血脉之中代代传承的文化精髓，正是这种以“航空报国，强军富民”为己任的精神，成为一飞院珍贵的传家宝和不断走向成功的强大精神动力。

大国崛起，需要强大国防；

民族复兴，有我重器守土安邦。

陈一坚：引航“飞豹”

陆琦 《中国科学报》记者

7月11日，西安阎良，中航工业第一飞机设计研究院一间会议室里。眼前这位老人精神矍铄，喜欢看名著、读小说、听交响乐，多年的科研经历告诉他，“科技与艺术是相通的”；83岁高龄仍坚持每天学习两三个小时，他深知“科学技术不进则退”；他还每天看书、看杂志、做剪报，“《中国科学报》是每天必看的报纸”；虽已功成身退，他依然为中国航空事业的发展奔波忙碌，数十年如一日，“敢想敢干，创新就是工作的组成部分”。他，就是中国第一架歼击轰炸机“飞豹”飞机总设计师、中国工程院院士陈一坚。

志愿写满航空

陈一坚出生在一个充盈着书香和爱国之气的家庭。其父陈昭奇坚信“教育救国、科教强国”，早年两次留

学日本，学成回国后参加了当时的爱国学生运动。

“父亲完全是西方民主自由的教育方法，为你提供条件，让你自由发展。”陈一坚自小爱好广泛，父亲书架上的大堆历史名著成为他最大的乐趣。

抗日战争爆发，陈一坚随父亲教学的学校迁往福建省南平县，当时满天轰鸣的日军战机成为陈一坚对飞机的最初记忆，也成为他挥之不去的梦魇。

“当时的人比较愚昧，在日本飞机空袭时，生怕被敌机飞行员听见地面声音，甚至将哭叫中的婴儿活活闷死。那一幕太惨了！当时我就有一个疑问：为什么天上都是人家的飞机，我们的飞机哪里去了？”毫无还手之力的切肤之痛，一直深藏在陈一坚的心中。

1948 年，陈一坚高中毕业，福州的几所大学刚刚恢复招生，他就报考了福建师大物理系并被录取。不久，得知厦门大学航空系开始招生，陈一坚兴奋无比，当机立断报考，而且三个志愿都填上了“航空系”。

“你不录取我，我换个大学再去考，直至录取。”陈一坚当时认准了要学航空、造飞机，“如果我们没有飞机，将来还会受别人的欺负”。

结果，陈一坚考上了。后在我国高校第一次院系调整中，厦门大学和清华大学航空系合并，陈一坚又从厦大转入了清华。

梦想起飞

1952 年，陈一坚完成清华飞机设计专业的学习，被分配到哈尔滨122厂（现哈尔滨飞机工业集团公司）。

“工作的头几年，虽然生活艰苦，但我情绪高昂，工作充实，心中更是充满了理想成为现实的喜悦。”

经过三年的努力，陈一坚和同事们不仅掌握了飞机修理技术，保证了抗美援朝的需要，同时也学会了仿制苏联飞机。

1956年底，陈一坚告别新婚一年的妻子，入选来到刚刚组建的新中国第一个飞机设计室（沈阳飞机设计所前身）。陈一坚的飞机设计生涯也从那里真正起步。

他参与了我国第一架自行设计的歼击教练机——歼教-1的研制。从1956年10月开始设计到1958年7月首飞成功，歼教-1飞机只用了1年零9个月的时间。经过歼教-1飞机的设计和试制，我国第一支白手起家的队伍终于实现了自行设计飞机零的突破。

1961年8月，六院601所（即沈阳飞机设计所）正式成立。同年，陈一坚由专业组长升任601所机身室主任。

陈一坚先后干过总体、气动、强度、结构、系统等专业的设计。“这为我后来担任‘飞豹’飞机的型号总设计师，熟悉各专业情况，统揽全局工作打下了坚实的基础。”

1964年夏，陈一坚和导师徐舜寿一起被调往西安阎良的大型飞机设计研究所——603所（中航工业一飞院前身）。

正当陈一坚准备大干一场实现自己“献身航空，报效祖国”的雄心壮志时，“文革”席卷而来。陈一坚被

无情地从飞机研制前线横扫到“牛棚”里，他种过地、放过羊、喂过猪、修理过汽车……

在逆境中，陈一坚未曾忘记自己的梦想和使命，坚持研读飞机疲劳断裂理论，编写了我国第一份飞机疲劳试验大纲，编写了运 –7 飞机疲劳试验疲劳载荷谱，结束了我国飞机研制完全参考外国通用疲劳载荷谱的历史。

“飞豹”精神代代传

在“文革”中受到巨大冲击的陈一坚，“解放”后没有选择离开。

“‘飞豹’需要我，我要老老实实在这个地方把这个型号搞成功。”陈一坚坚信，一旦选择正确的发展方向后，就要把自己的短期利益与长远目标脱钩。

“飞豹”研制之初面临的最大难题是没有任何原准机可以借鉴模仿，更何况在改革开放这个百废待兴的年代，人才和设备都相当匮乏。

“当时欧洲开出的合作条件十分苛刻：核心技术不给，要价21个亿，谈判最终不欢而散。”国外的技术买不来，白手起家、自主创新的巨大压力就落在包括陈一坚在内的飞机设计师的肩上。

1982 年，陈一坚被国防科工委任命为“飞豹”（歼轰 –7）飞机型号总设计师。飞机设计规范的选取是他首先要面对和决策的重大问题。

究竟是采用落后但十分保险的苏联规范，还是冒着风险采用先进的美国规范？陈一坚毅然决定规范转轨。“仍然选用苏联规范我不会有错，但是这个飞机可能完成不了军委给的一大堆指标。”

“飞豹”研制团队突破传统做法，大量采用新技术、新材料、新设备和新工艺。为了更好地满足国防需求，他们甚至提出了确保飞机研制成功后 20 年不落后的高标准。

“想法很简单，就是要干出一架好飞机来。”陈一坚向记者描述，大家没日没夜地干，双职工没人带孩子，就把孩子带到办公室里睡觉，小孩子从搁板上滚下来是常有的事。

十年磨一剑。几度面临夭折的“飞豹”终于在 1988 年 12 月 14 日，迎来了放飞蓝天的时刻。1998 年 11 月，在珠海国际航展上，“飞豹”首次公开亮相。

1999 年 10 月 1 日，在建国 50 周年阅兵中，6 架“飞豹”组成的空中梯队，整齐地飞越天安门广场上空，陈一坚当时最大的感触是：“‘飞豹’来之不易！”

“飞豹”的研制成功，标志着中国航空工业实现了从测绘仿制到自行研制的历史性跨越。

这么多年，令陈一坚最骄傲的还是他的团队，他们抱着航空报国的信念，扎根西部，默默奉献；而更令他欣慰的是，“报国、拼搏、求实、创新。团队的‘飞豹’精神已沉淀于中航工业一飞院人血脉之中，代代传承”。

中国工程院院士王小谟 / 新华社记者：金立旺■摄

郭红松■绘

王小谟

王小谟 (1938.11.11—) 雷达工程专家。上海市金山县人。1961 年毕业于北京工业学院。从事雷达科研 50 余年。20 世纪 60 年代创造性提出脉内扫描方法，使雷达系统大大简化。70 年代担任 JY – 8 雷达主持设计师，研制成功我国第一部自动化引导雷达。80 年代主持设计的 JY – 9 雷达，在国外的演习和综合评分中名列前茅，获得了国内外多部订货，是国际上优秀低空雷达。设计研制了多种型号具有国际先进水平的雷达，尤其在三坐标雷达和低空雷达方面卓有建树，长期致力于我国预警机事业发展，主导研制成功空警 200、空警 2000 等预警机，为我国军事电子工业的发展作出了重大贡献。1986 年、1995 年两次获得国家科技进步一等奖，2010 年获国家科技进步特等奖。荣获 2012 年度国家最高科学技术奖。1995 年当选为中国工程院院士。

白天. F层高度300 KM

可见由于电离层中的群速不一致, 使得具有频带的波形变坏.

设 N_e 依 $s_1 \sim s_2$ 积分为 $\int N_e ds = 5\times10^{12}$ (相当白天电离层中)[13]

故 Δt 的曲线示于图 1-25。 从图可见延时 $\Delta t \ll T$.

由 Stoney[8] 示出无波形变坏的条件是频带带宽

$$\Delta f \ll \frac{1}{2}\left[\frac{c f^3}{80\times10^6 \int_{s_1}^{s_2} N_e ds}\right] \qquad (1\text{-}148)$$

$\int N_e ds$ 在白天电离层中 5×10^{12}

例 $f=1000MC$. $\int N_e ds = 5\times10^{12}$. 则 Δf 要 $<40MC$ 方无包络变坏.

关于波形变坏的具体概念可利用 Elliott[5] 电波在波导中传播的概念

Elliott 的概念:

∵ 电波在波导中的导内波长 λ_g 是非线性函数, 故是一个色散的. 其相位常数

$$\beta = \frac{2\pi}{\lambda_g} = \frac{2\pi}{c}\left(f^2 - f_c^2\right)^{\frac{1}{2}}$$

f_c — 波导截止频率 $\lambda_c = 2a$

将 β 在中心频率 f_0 以泰勒级数展开, 取其三项

$$B = \frac{f_c^2}{4\pi c f_0^3}\left[1 - \frac{f_c^2}{f_0^2}\right]^{-\frac{3}{2}} \quad 或 \quad B = \frac{\lambda_0^3}{4\pi \lambda_c^2}\left[1 - \frac{\lambda_0^2}{\lambda_c^2}\right]^{-\frac{3}{2}} = \frac{\lambda_0^3}{4\pi (2a)^2}\left[1 - \frac{\lambda_0^2}{(2a)^2}\right]^{-\frac{3}{2}}$$

令 $a = \frac{4}{\tau}\left(BL\right)^{\frac{1}{2}}$ L — 波导长度.

则 a 即其波形变坏参数. $a=0$ 无变坏. $a=1$ 时波形显坏.

Riedel[4] 利用此概念得出了电离层中的波形变坏参数 a

$$a = \frac{2}{\tau f_0^{\frac{3}{2}}}\left(\frac{2}{\pi c}\right)^{\frac{1}{2}}\left(\int_{s_1}^{s_2} f_c^2 ds\right)^{\frac{1}{2}} \qquad 1\text{-}152$$

f_c — plasma 频率 (电离层中的等离子振荡频率) f_0 — 发射中心频率

为战机装上“千里眼”
——预警机总设计师王小谟

赵展慧　《人民日报》记者

“收到预警机指令。”2012年底，西北大漠上空，空军航空兵某团两架正在执行任务的歼击机突然收到一条数字代码引导指令，飞行员迅即向指挥所报告。国产预警机与新型战机信息对接成功！

为了这条“空中短信”的成功发出，为了给翱翔长空的战机装上一副“利眼”，预警机的总设计师王小谟和他的团队拼搏了10多年。有了被称为“空中司令部”的预警机，中国的空军战略预警和指挥能力有了质的飞跃。

山沟里“飞出”的三坐标雷达

“一辈子做出三个雷达，并且把雷达‘搬’上了飞机。”王小谟这样概括自己的科研生涯。

75岁的王小谟，说起话来字正腔圆，声音洪亮。你能想象这位预警机总设计师拉着京胡唱京剧的样子吗？他的雷达启蒙与京剧还有着不小的关系。

童年的王小谟，住在现在已经融入长安街的报子街胡同。当时的京剧名家马连良也住在这里，从小耳濡目染，王小谟对京剧如痴如醉。有台收音机听京剧成了他小时候最大的心愿。买不起那就动手“攒”一台！辗转于各个市场“淘”零件组装收音机的经历是王小谟与无线电的第一次亲密接触。

而当王小谟真正开始国防科研生涯时，他的第一个雷达竟是在山沟沟里完成的。20世纪60年代中期，我国周边形势十分严峻，全国被划分为前线、中间地带和战略后方，分别简称为一线、二线和大三线。大三线，包括中国腹地以及西部崇山峻岭的广大地区。

到祖国最需要的地方去！王小谟没有迟疑，携妻挈子来到了大三线的重镇贵州都匀，并与新组成的800多人的研究队伍，在都匀的大坪镇安营扎寨。

在这个只有几座房子的山沟里，王小谟带领着一批技术骨干，开始了长达13年的研究。“先工作，后生活”是他们的指导思想，他们边建设、边生产，先有厂房后有宿舍。自己建造的简陋房子，没有家具和厕所，几十户人家共用一个水龙头。为解决孩子们上学的问题，他们还开办了自己的学校，由所里的技术人员轮流兼任教师。

说起这段岁月，王小谟语气里满是怀念和豁达：“青山绿水中安安静静的，山里也没有娱乐活动，那么多的时间就只能用来干活，正适合搞研究。我们在山沟里没人管，我们自己就是‘山大王’。”

最终，我国第一部三坐标雷达就在深山里诞生了，这意味着我国雷达在自动获得目标距离和方位信息的同时，第一次可以同时获得目标的高度信息，并且在探测威力、三坐标测量精度和自动化程度等方面都优于当时世界的主流雷达。

当这个项目获得国家科技进步一等奖时，王小谟又幽默了一把，“国家是体谅我们在山沟沟里做出这个雷达不容易。”

打造民族“争气机”

如今，在北京航空博物馆内，我国第一架预警机“空警一号”静静地停在陈列馆里。在20世纪70年代，它曾飞上蓝天，给了国人无限的期待。然而，“空警一号”因未能解决雷达上天后遇到的地面反射杂波问题而中止。

20世纪80年代，王小谟的目光从地面转向了天空，“中国人一定得有自己的预警机！”

因为960万平方公里的陆地、300多万平方公里的海洋，辽阔的国土仅仅依靠地面雷达，很难覆盖整个领空。要完成国土防空任务，就必须拥有背负着远程预警雷达系统的飞机——预警机，它能搜索、监视空中或海上目标，并能指挥引导己方飞机执行任务，是现代空中作战体系的核心。

王小谟主动请缨。

为了加快研制进度，最初国家决定与国外合作进行预警机研制。受命担任预警机中方总设计师，王小谟头脑十分清醒，他着眼于国内同步研制，立足自力更生，坚持把技术掌握在自己手里。

2000年，国外合作方迫于美国压力单方面中止研制。王小谟处变不惊，因为他的团队开展的同步研制，已为预警机国产化准备好了方案和可试飞的科研样机。

中央军委做出了“立足国内，自主研制预警指挥机”的决定。不负众望，王小谟的团队打破了“从科研样机到研制成功至少要10年”的常规，仅用了5年。国产预警机创造了世界预警机发展史上的9个第一，成为世界上看得最远、功能最多、系统集成最复杂的机载信息化武器装备。美国政府智囊团“詹姆斯敦基金会”发表评论称，中国采用相控阵雷达的预警机，比美国的E–3C整整领先一代！

预警机赢得了“争气机”的美誉。

“中国人一定能行！”这样的自信从哪儿来？王小谟举例说，比如当年他们独创的三坐标雷达设计，一年后英国人才提出类似方案，“我一直相信，中国人不比外国人笨！”

如今，在王小谟的带领下，我国预警机家族不断发展壮大，既服务于空军，也服务于海军，既服务于国内，也出口国际市场，既有高端产品，也有高低搭配，向体系化发展迈进。

以前创新要“先种麦”，现在更如“烹好料”

今年年初，王小谟获得了2012年度国家最高科技奖。

很快，王小谟还将多一个新身份：先进雷达创新奖励基金的第一任理事长。“基金用来奖励在预警和雷达方面做出重大创新的年轻人，评审细则都已经计划好了。”王小谟把获奖后的大部分奖金都拿了出来，加上中国电子科技集团的资金，准备成立一个基金会。

已经培养出18名雷达和预警机领域总设计师的王小谟，还想扶更多的年轻人“上马”。王小谟曾经让刚毕业的陆军做项目总设计师，后来又让38岁的他当预警机的总师，还任命当时年仅30岁的曹晨担任某型预警机的副总师……王小谟培养年轻人的思路没有改变：给年轻人压重担子，甚至允许他们犯错，让他们自己在扑腾中学会游泳。“我最大的贡献，就是说服了他们可以去干。”王小谟笑着说。

虽然把“重担”压给了年轻人，王小谟仍然忙碌着。用他自己的话说，现在是从攻克预警机研制难题的“答题人”变成了规划预警机未来发展的“出题人”。

“下一代预警机应该有更高的目标，就是全面领先，由中国人来引领预警机的新潮流。”王小谟认为，未来的预警机可能将取消飞机背上的大圆盘，采用更小的可贴于机身的天线，向小型化、网络化、多功能化、使用方便、价格便宜方面发展。

“我的中国梦还远没有完成。”王小谟仍然雄心勃勃，他认为技术创新永无止境，“有更先进的雷达，就有更先进的反侦察技术，创新没完没了，在这种矛与盾的斗争中，只有不断前进才能保持先进。”

王小谟描述预警机和中国科技未来的创新模式时打了个比方：“以前国家的科技基础薄弱，创新要从种麦子开始，而现在我们环境好了，就像有了现成的面粉，创新就是需要开动脑筋怎么做好吃的。”

这种“烹好料”式的创新，在王小谟眼中是更大的挑战。“因为我们已经跑在前面，前头没有了可以跟随的样本，每一步创新都需要自己探索，失败的可能性反而更大，但是这才是创新真正的含义，才是正确的路子。”

“一辈子只做一件事”
——记中国工程院院士、“中国预警机之父”王小谟

罗沙　新华社记者

他说起“雷达”、“相控阵”这些专业词汇如数家珍，他获得国家最高科技奖励却渴望平静的生活，他也是每天负责接送小孙子上下学的好爷爷，他说他的中国梦是把中国的预警机做到“找不到词来形容的最强”……他就是2012年度国家最高科学技术奖获得者、“中国预警机之父”王小谟。

“做事情，最重要就是执着”

“做事情，最重要就是执着。”面对记者的王小谟像个慈祥的邻家老大爷，“跟你们写文章要来回来去修改一样，没有什么事情是能一次就做成功的。”

从一穷二白开始，他带领研制团队突破了预警雷达研制最为关键的“两高一低”技术，建立了亚洲最大的测试暗室和亚洲最大的热压罐。国产预警机创造了世界

预警机发展史上的 9 个第一，突破 100 余项关键技术，累计获得重大专利近 30 项。我国的预警机成为世界上看得最远、功能最多、系统集成最复杂的机载信息化武器装备之一。

从一名普通大学生，到获得 2012 年度国家最高科学技术奖，这期间的曲折只有经历过的人最明白。

见过预警机的人都知道，那是一种机身上装着巨大圆盘状雷达天线的大型飞机。“就那个大蘑菇，以前我们别说造，就是从国外买回来再自己装到飞机上去都很困难。”王小谟感慨地说。

我国第一型自行研制预警机的原型机，装好雷达天线后进行首次试飞，他就在地面盯着飞机从起飞到着陆，眼睛都不敢眨一下。最后试飞员从飞机上走下来跟他说：“感觉非常好！”王小谟的眼泪一下子就涌出来了。

“我只是一个普通人，我所能取得的成就，如果没有数代军工电子人的不断探索和技术积累，没有中国电子科技集团公司的准确定位、科学规划和超前管理，是不可想象的。”得奖之后，面对媒体聚光灯的他这样说。

“我从来不相信中国人会比别人笨。别人搞得出来的东西，我们也可以。这个信念一直都在我心里，支持着我一辈子只做一件事：研制雷达。”他说，“中国梦，往大了说是国家强盛、民族复兴，在我这里，就是要把中国的预警机做到最好，做到卓越。”

淡看人生起起落落

说起自己50多年的科研生涯，回忆人生的起起落落，王小谟显得很淡然。

1961年，他从大学无线电专业毕业，踌躇满志地走上研制雷达的道路。而在那个年代，搞雷达是年轻人心目中神圣而又时髦的行当。

“工作后进步还是很快的，很快当上了副总设计师。”王小谟笑呵呵地说，“结果还没当两年，文革开始了，给我扣了个‘反动学术权威’的帽子，说我‘只专不红’，勒令不许搞研究，发配去机房管计算机。”

被迫离开科研岗位的王小谟纵然有万分遗憾，却没有自暴自弃。计算机房地处偏僻郊外，他倒也乐得清静，干脆开始自学计算机知识。两年下来，不仅机房管理得井井有条，还成了个计算机专家。

“这也算是因祸得福吧。”他说，“当时就是想着趁机多学点东西，就算现在用不上，将来总有用得上的时候。”

风风雨雨走过来，已经年过七旬，还兼任着中国电子科技集团公司发展战略委员会副主任委员的王小谟如今渴望平静的生活。“年纪大了，身体不行了，就想有机会多锻炼身体，可就是做不到。”他两手一摊，“每天都排得满满当当，估计闲下来得到80岁往后了。”

“一辈子亏欠最多的还是家人，尤其是下一代。”提到家人，王小谟面露愧疚，“那时候一心都扑在工作上了，爱人也是搞科研的，两个人基本没怎么管孩子。”

“只能补到孙子身上了。”一说起小孙子，他脸上又乐开了花，“现在孙子在北京上学，接送上下学我可是义不容辞，也算是能享受一点天伦之乐吧。”

奖金拿来鼓励年轻人

获得2012年度国家最高科学技术奖后，王小谟拿出500万元人民币奖金中的450万元，又通过各方最终筹集出2000万元，计划成立雷达创新奖励基金，每年奖励三名在雷达和预警探测技术领域作出突出贡献和有重大创新的年轻人。

“我们毕业的时候，搞雷达是很时髦的，现在却没有几个人愿意搞雷达了。”他说，“当然，信息产业发展很快，雷达只是其中一个部分，这是可以理解的。”

“但雷达的发展涉及国家安危，不搞绝对是不行的。我就是想在个人能力范围内做点事情，鼓励年轻人在这个领域有所作为。”王小谟说。

他说，希望有更多的年轻人走进电子信息这个行业，投身到雷达和预警机研制队伍中来，把中国的雷达和预警机做到世界第一，实现中国雷达预警技术的平台梦、系统梦和尊严梦。

“年轻的时候不打好基础，过了40岁就很难了，就散掉了。”王小谟说，“每个年轻人都应该有一个大的目标，用来激励自己在本职岗位上拼搏，通过自己的努力一步步走向成功。这个目标，就是每个人自己的中国梦。”

信念耀苍穹

——记中国预警机事业开拓者和奠基人王小谟院士

金振娅　《光明日报》记者

因信念锲而不舍

与人交流时，他始终面带微笑，像邻家老人般亲切。他的笑声透着科学大家的豁达气度，一份沉静厚重、千里之外运筹帷幄的从容。

他就是王小谟院士，中国电子科技集团公司发展战略委员会副主任委员、著名雷达专家、中国预警机事业开拓者和奠基人。

2009 年 10 月 1 日，新中国成立 60 周年阅兵式上，由王小谟主导研制的预警机作为领航机型，引领机群，米秒不差飞过天安门广场。它的出现标志着中国已拥有自主研制的世界先进预警机。观礼台上的王小谟落泪了，这是自预警机研制以来，老人第一次流泪。

为了这一刻，他和他的团队整整奋斗了 10 年，只因心存一份信念，那就是祖国需要！10年前，西方某大国迫使外方单方撕毁合同，企图扼杀中国的预警机事业。王小谟向上级建议“立足自主、研制国产预警机”，得到中央领导大力支持，称这是中国人的“争气机”。

王小谟回忆，少年时代适逢新中国初创，人们对共和国充满了热爱。为祖国学习，为国防献身的信念，烙在心里，永难磨灭。

中国电科院党委书记冀克平如是评价王小谟——他有着老一代科学家特有的才华与气质，更关键的是，他始终坚信“中国人一定能行”，始终坚持“中国人必须自己干”。

正是这种精神，支撑着他和整个中国电科团队，在当时国际严密封锁、国家基础薄弱的情况下，突破了预警雷达研制最为关键的“两高一低”技术，建立了亚洲最大的测试暗室和热压罐。国产预警机创造了世界预警机发展史上的9个第一，突破100余项关键技术，累计获得重大专利近30项。我国的预警机成为世界上看得最远、功能最多、系统集成最复杂的机载信息化武器装备之一。

为此，美国政府智囊团“詹姆斯敦基金会”发表评论——中国采用相控阵雷达的预警机，比美国的E-3C整整领先一代。

创新的脚步永不停息。王小谟又把目光聚焦在全数字阵列雷达技术上，通过“小平台、大预警”，摆脱了我国大型预警机对进口飞机平台的依赖。更重要的是，

这是世界上首次将数字阵列雷达技术应用于预警机，标志着我国预警机主要技术从国际先进提升到国际领先水平。

因责任前赴后继

“事情不是一个人干起来的，需要一个团队前赴后继去完成。”王小谟不止一次提到，人才储备非常重要。

王小谟是个惜才如命的人。电科集团流传着王小谟为了储备人才，在20世纪80年代，花40万元重金到中国科技大学招录7名定向生的故事。陆军就是其中的一员。

而今，陆军已经成长为电科集团首席科学家。在他心中，恩师王小谟对其影响是深远的，老人在战略思想上深谋远虑，在技术上精益求精，在管理上收放自如，尤其是老人对中国预警机事业的执著和责任，深深感染着他。

正是得益于王小谟等一批预警机前辈们的引领，中国第二代、第三代，直至如今的第四代预警机人已经成长起来，成为我国军事电子领域的中坚力量。

作为预警机工程的总顾问，王小谟主动推荐优秀年轻专家担任总设计师，并亲自担任“幕后总师”，倾心指导年轻的总师们确定总体技术方案，开展技术攻关、系统集成和试验试飞方案等重大工程研制事项。

王小谟用国家奖励他的500万元国家最高科技奖奖金，设立了“先进雷达创新奖励基金”，用以激励雷达领域的优秀青年人。“我的目标是让其他国家都以我们的预警机为追赶目标，这需要一代又一代预警机人前赴后继。”王小谟说。

因睿智笑对人生

很少有人知道，在研制预警机过程中，年近七旬的王小谟曾在40摄氏度和零下30摄氏度的机舱熬过数月。在预警机研制的关键时期，他遭遇车祸，腿骨严重骨折。雪上加霜的是，他又被诊断出患有淋巴癌。

所有人都焦虑了，然而，大家看到的，依然是他平静的笑容；听到的，依然是他对预警机事业的无尽牵挂。当压力与病魔同时来临，平静也是一种力量，睿智才能笑对人生。

因为睿智，即便是获得2012年国家最高科技奖，老人也没有半点居功自傲，他认为这是对预警机研制团队和军工电子人的肯定。

“得了奖后很难受，过了半个多月才好些。”老人说到。看到记者一脸疑问，老人大笑说：“因为媒体的大量报道，到哪里都有人认识我，平静的生活被打乱了啊！”

如今已年过七旬的王小谟仍坚守在科研一线，只要没有外出公务，他每天都坚持上班，每周都会到实验室与年轻同志一起研究讨论技术问题，并检查课题进展。

曾经为中国雷达事业创造了一个又一个里程碑的老人，如今仍以他的睿智推动着中国预警机事业走向更深更广的苍穹！因为他清醒地知道，国家的需求就是目标，预警机的路还很长。

鹰眼扫描护长空

沈慧　《经济日报》记者

“中国预警机之父”王小谟正微笑着向记者们走来：稀疏的白发，泛黑的眼圈，有些蹒跚的脚步。“好像比上一次见面时又黑瘦了些。”一起采访的同行们轻声嘀咕道。

熟悉他的人都知道，曾经说要给自己“放放假”的王小谟，其实近几年一直没有闲着，带博士生、开会、出差……

“本来计划在70岁后停止工作，锻炼锻炼身体，找一帮老‘票友’练练京剧……”王小谟今年75岁，这个愿望还没顾上实现，他又默默地将计划时间推迟至80岁。因为和许多老一辈爱国科学家一样，以国家的需要为奋斗目标，是他们一生的坚守。

半世纪“雷达人生”

遇到挫折时，想起国家的需要，就坚持了下来。

假设没有选择与雷达为伴，王小谟会做什么？答案可能是唱京戏。

时间回溯到多年前。那时，王小谟与父母一起租住的北京的四合院里，票友们“咿咿呀呀”的唱腔常常此起彼伏。“浸染”时间长了，他竟也能哼上几段。尽管拥有戏剧天赋并被北方昆曲剧院相中，王小谟最终还是听从父母安排，进入北京工业学院（今北京理工大学）就读无线电系。

大学时期，“超英赶美”的口号让王小谟意识到“国家的需要就是目标”。此后的漫长岁月里，王小谟的科研人生始终践行着这个信念。

1961 年，王小谟大学毕业，进入中国电子科技集团公司 14 所工作，由此开始他长达 50 多年的“雷达人生”。

因在战争中的独特优势，雷达那时已崭露头角。不过，早期的雷达只能给出目标的距离和方位两维坐标，不能给出高度。王小谟刚参加工作即被委以重任：研制当时国际雷达技术领域最前沿的三坐标雷达。

怎么做？没人知道答案。根据苏联专家留下的一沓资料，王小谟独自埋头研究了一年多。第二年，他带着 4 位年轻人又一头扎了进去。机会青睐勤奋的人，经过数年艰辛付出，王小谟大胆地突破了传统设计模式，创造性地提出脉内扫频的方法，解决了三坐标雷达的技术难

关——威力、精度、时间的矛盾。这一方法的提出，比英国人早了两年多！

然而好景不长。不久“文革”开始，王小谟被冠以“只专不红”、“反动学术权威”的帽子，被打入机房管理计算机。但对他来说，这是“因祸得福”，一方面机房地理位置偏僻，没人前来打扰；另一方面，他有了难得的学习计算机的机会。两年下来，王小谟熟练掌握了计算机，这为研制我国第一个使用计算机技术的三坐标雷达奠定了坚实的基础。

命运的坎坷没有就此结束。1969 年，“到三线去”的调令下达，王小谟和同事们又来到贵州都匀的深山里，组建中国电子科技集团公司第 38 研究所。

虽然山沟里条件艰苦，但政治运动少、比较清静，适合做研究。“这是相当难得的一段时间，可以脚踏实地、一步步地摸索。”谈起当年的波折，王小谟毫无怨言，“我相信‘文革’总有结束的一天，我们的技术终究会派上用场。”这一时期，王小谟挑起了总设计师的担子，带领一批技术骨干，开始了三坐标雷达长达 13 年的研究。终于，我国第一部自动化三坐标雷达“横空出世”。

如今回想起来，王小谟的那份使命感和荣誉感仍溢于言表，“遇到挫折时，想起国家的需要，就坚持了下来”。

打造中国“争气机”

要在信息化条件下捍卫国家主权，实现从国土防空型向攻防兼备型跃升，我们必须拥有预警机！

2009年，新中国成立60周年阅兵式上，一架背驮着“蘑菇云”（雷达大圆盘）的预警机腾空而起，引领着庞大机群，米秒不差地飞过天安门广场。

这一瞬间，阅兵台上王小谟热泪盈眶。他扯着旁边人的袖子说，“看，这是我们搞的”！这是预警机研制以来，同事们第一次看到王小谟流泪。

“这么多年的努力终于有了回报，当时那个高兴啊，比得了大奖还要兴奋、激动！”忆及往事，王小谟孩子般地笑着、比划着。

预警机是指机身上放置整套远程警戒雷达系统，用于搜索、监视空中或海上目标，指挥引导己方执行作战任务的飞机，功能等同于“空中司令部”。曾有军事专家称，一个国家如果拥有较好的预警机，即使战机数量只有对手的一半，也一样可以赢得战争。

然而，作为空军“力量倍增器”的预警机，技术高度密集，系统十分复杂，过去只有美国、俄罗、以色列等少数国家具备研制能力。早在20世纪70年代，我国就曾经启动预警机的研制，但终因当时国力有限和技术基础薄弱，而未能成功。

“要在信息化条件下捍卫国家主权，实现从国土防空型向攻防兼备型跃升，我们必须拥有预警机！”20世纪80年代，曾经在雷达领域屡建奇勋的王小谟，敏锐地意识到预警机对我国防空体系的重要性，义无反顾地投身到预警机研制事业中，规划和实施了机载预警雷达的关键技术攻关，并逐步突破了机载雷达关键技术。

1990年海湾战争后，国家决定通过对外合作解决预警机装备急需。王小谟受命担任预警机工程中方技术总负责人，主持系统总体设计，首次创造性地提出采用大圆盘、背负式、三面有源相控阵新型预警机方案，这是世界首创。同时，他坚决要求中方主导研制方案，并在国内同步研制。

这样的努力，为日后的预警机自主研制打下了坚实的基础。2000年，因美方干预，合作方单方面撕毁合同，王小谟向上级建议“立足自主研制国产预警机”，“一定要做中国人自己的‘争气机’”。这一建议得到中央各级领导的大力支持，大型预警机的研制终于在国内立项。

自力更生，属于中国人自己的预警机雏形显现：国产两型预警机创造了世界预警机发展史上9个第一，成为世界上看得最远、功能最多、系统集成最复杂的机载信息化武器装备之一。

“解放军采用相控阵技术的空警2000和空警200预警机，比美国的E-3C和E-2C预警机整整领先一代！”美国智库“詹姆斯敦基金会”给出如此评价。

如今，“我们一定要争口气”的大幅标语，依旧挂在预警机机库的墙上。

乐观豁达无怨无悔

这一辈子就做了一件事：研制雷达，然后负责将世界上最先进的技术应用到预警机上，把设计变为现实。

“宝剑锋从磨砺出，梅花香自苦寒来。”在王小谟50多年的科研生涯中，困难可谓如影随形，而一向乐观豁达的他始终不曾向困难低头。

预警机的试飞阶段是有极大风险的。一般飞机往往都有一个试飞团，但预警机试飞情况特殊，后舱没有试飞员，而是需要预警机研发团队成员参与试飞试验。“这机身上的‘大蘑菇’会不会掉下来？”不少人为此捏了把汗。出于年龄及安全方面考虑，人们再三劝王小谟不要上机。为了获取一手试飞数据，他毅然登上了试飞的预警机。返回地面，听到飞行员“感觉非常好”的一刹那，王小谟觉得一切都值了。

2006年，预警机研制的关键时刻，王小谟遭遇车祸，腿骨严重骨折，伤愈后不幸又被确诊淋巴癌。但大家看到的，依然是他镇静平和的笑容；听到的，依然是他对预警机事业的无尽牵挂。即便躺在病床上输液，他也要把设计师请来探讨交流。病情稍有好转，他又拖着虚弱的身体赶回紧张忙碌的试验现场。

艰辛付出换来了可喜成绩：不久，又一型国产预警机横空出世，我国成为继美国、瑞典、以色列之后，世界上第四个能出口预警机的国家。

然而，创新没有止境。在中国预警机的科研道路上，王小谟没有放慢探索的脚步。“雷达更新换代周期快，只有三五年时间。你不前进，没准儿哪一天可能就被别人赶超了。在预警机雷达探测方面，我们不仅要成为大国，更要成为强国，做到国际领先。”这是王小谟对未来的谋划。

如今的王小谟，除了搞科研，还有两个心愿。一是“合理”分配500万元国家科学技术奖奖金：10万给自己，40万给中国电子科学研究院等单位，450万给由他提倡设立的雷达创新基金，担任第一届理事，奖励在雷达领域敢于创新和有突出贡献的人。二是希望越来越多的年轻人加入电子行业。“雷达的作用是为国家‘站岗放哨’，过去搞雷达很时髦，很多学生毕业都会选择这行。目前雷达虽在信息产业所占比重越来越小，但对国家安全的作用不可忽视。”

一向谦逊低调的王小谟或许还有个愿望——减少曝光率。“获奖后媒体的宣传让我成了‘名人’，大街上、火车上，经常有人过来要签名、合影，刚开始的半个多月我觉得很难受，特不习惯。”问及斩获大奖后的变化，王小谟呵呵地笑了。他说，“我只是个普通人，这一辈子就做了一件事：研制雷达，然后负责将世界上最先进的技术应用到预警机上，把设计变为现实”。

采访感言

国家的需要就是目标

采访王小谟是件乐事，你无时无刻不被他身上所散发的催人奋进的力量所感染、所鼓舞。

预警机研发，关系国家安全。王小谟像一台不知疲倦的机器，不计个人得失地高速运转：紧张忙碌的试验现场，年近七旬的他始终奋战在科研最前线；住院被诊断身患淋巴癌期间，躺在病床上输液，他也不忘与前来探望的同事交流技术……心里念的，嘴里说的，都是工作上的事情。

是什么给了他这么多使不完的劲？“能一辈子做自己喜欢的事，并把这件事和为国家作贡献相连，这是一种莫大的幸福。”王小谟是这样说的，也是这样做的。无论大学时就坚定“国家的需要就是目标”的信念，还是工作后为祖国国防科技事业挥洒青春，他将一生都与祖国兴旺、民族荣辱联系在了一起。正是因为将个人奋斗融入了强国富民的时代大潮，有了这种纯粹的不带任何功利色彩的理想和情怀，王小谟才能在布满荆棘的科研道路上“所向披靡”，既为国家作了突出贡献，最终也在这一过程中实现了人生价值最大化。

“不要问国家能为你做什么，而要问你能为国家做什么。”王小谟等老一辈爱国科学家的故事印证，与祖国共命运、同进步，迸发的力量必将势如破竹。

为战机装上“千里眼”
——预警机总设计师王小谟

韩秀　中央人民广播电台记者

20世纪50年代我国提出要造自己的雷达，刚刚大学毕业的王小谟便一头扎进了贵州山沟沟，花了13年造出了三坐标雷达。王小谟的弟子陆军说，这个技术就像200公里以外瞄准，枪枪都是十环。

80年代，低空防御成为世界各国的“心头大患”，王小谟又带领团队研制成功了中低空兼顾雷达。90年初海湾战争爆发，国家决定通过对外合作解决预警机的装备急需。王小谟再次担任了中方总设计师。在购买技术的同时，他带领团队同步开展研制工作。

“我要把国际上最先进的思想和技术变成自己的。从做的那一天我们就讲目的不是这一架，我们希望第二架就是中国人的。跟国外合作的时候我们就给自己定了一条，我们要进行反设计。”

国庆60周年阅兵仪式。空警2000，我国自主研发的预警机首次亮相，便震惊了世界。当时，在天安门城楼上，王小谟流下了眼泪。

“经过天安门以后，我就跟周围的几个说，那是我们搞的，那是我们搞的。原来想我们要争一口气嘛，我们这口气就争出来。”

王小谟曾说自己准备70岁退休，但已经74岁的他依然在国防科研的一线忙碌。

“我们是世界先进水平，我们也有信心在不久的将来引导潮流，让全世界看着中国人的脸色来跟着走。”

王小谟：放飞中国的预警机

刘莉　《科技日报》记者

“雷达、预警机，这都是给我们国家‘站岗放哨’的。”讲起自己研究了50多年的雷达、预警机，王小谟总是这样形容。

2013年初，74岁的王小谟荣获国家最高科学技术奖，时任国家主席胡锦涛亲授证书。随后各大媒体开始注意到这位在我国国防科技战线上奋战了半个多世纪的老人。“你们媒体太厉害了，我坐在火车上有人找我签名，走在街上有小姑娘跑来问我‘您是王院士吗？’”对媒体报道带来的“名人效应”，老人感觉“很难受”。王小谟不希望更多的人认识他，他还是习惯在自己的岗位上安静做研究，像他自己研究的雷达、预警机那样，用自己的智慧和技术为祖国“站岗放哨”。

科研路从“赶英超美”的雷达开始

1961年从北京工业学院（今北京理工大学）无线电系毕业的王小谟进入国防部第十研究院，成为一名“穿军装”的科研工作者。几年后，因为能力突出，他承担起一项重要的任务——研制当时国际上最先进的三坐标雷达。“在当时这可是一项赶英超美的项目。”王小谟笑着向记者们介绍。

此时因为“三线”建设，王小谟所在的38所搬入贵州深山。“晚上下班了，一片漆黑，什么都没有，对我们搞研究来说也是个好事，没什么事情可做那就工作吧，也没有上班下班的概念，反正都一样，工作效率很高。”

中国电科电子科学研究院副院长陆军至今记得1988年毕业到38所参加工作的情景。陆军从上海坐了三天三夜的火车、再倒汽车、再步行，终于看到38所厂区时，他真的很难想象所长王小谟是怎么带着一两千人在这样“连飞机都看不见的山沟沟里研究出找飞机的雷达的”。

“是没有飞机呀，那时候贵阳一天才只有一班飞机。我们的雷达就是要看飞机的，怎么办？我们就跑啊，去‘远征’。”江西、长沙、武汉……王小谟和同事们带着他们的雷达四处转战。如今跟记者说起这些，他满脸是轻松的笑意，但个中辛酸也许只有他们自己能体会。

13年的风雨洗礼，中国第一部三坐标雷达横空出世，我国因此一举进入三坐标雷达技术世界先进行列，防空雷达实现了从单一警戒功能向精确指挥引导的跨越。

1985 年，这一项目获得国家科技进步一等奖，王小谟排名第一，得到邓小平同志的接见。

为中国的预警机奠基

20 世纪 40 年代，美国海军为及时发现利用雷达盲区接近舰队的敌机，试验将警戒雷达装在飞机上，缩小雷达盲区，扩大探测距离，于是便有了世界上第一架预警机 AD–3W“复仇者”。如今，预警机已经成为现代空中作战体系的核心，是一国技术实力的重要标志，至今世界上只有美国、俄罗斯等少数几个国家具备研制能力。

拥有我们自己的预警机是我国雷达科研工作者长久的梦想。我国预警机的研制始于 20 世纪 60 年代，但终因国力和技术的落后而搁浅。

20 世纪 90 年代，我国再次将预警机研制提上日程，国家决定通过和外方合作进行研制，以加快预警机装备进度。王小谟受命担任中方总设计师。在外方单方面终止合同后，王小谟积极向中央建议，自力更生开展我国预警机装备研制，大型预警机的研制终于在国内立项。

预警机研制的关键时期，年过六旬的王小谟经常爬上十几米高的预警机机罩。在夏日 40 摄氏度、冬日零下 30 摄氏度的机舱里和设计师们一起反复讨论方案。2006 年的一次外场试验中，车祸让 68 岁的王小谟腿部骨折，随后又查出淋巴癌。

在病床上，王小谟平静地与预警机的设计师们讨论着工程的进展，尽管多次化疗让他极度虚弱。他告诉陆军，一个人一辈子能做成一个雷达就很不容易了，自己没有什么遗憾。

十几年时间，国产两型预警机创造了世界预警机发展史上的9个第一，突破了100余项关键技术。我国的预警机成为世界上看得最远、功能最多、系统集成最复杂的机载信息化武器装备之一。美国政府智囊团“詹姆斯敦基金会”发表评论：中国采用相控阵雷达的预警机，比美国的E-3C整整领先一代。

为雷达预警机事业站岗

有关单位已经研究了王小谟提出创建的“雷达创新奖励基金”具体的奖励细则。国家最高科学技术奖的500万元奖金，王小谟最想用它来设立基金，奖励在雷达和预警探测领域优秀的年轻人才，“再钓些大鱼出来”。

从2000年开始，王小谟不再做具体雷达、预警机型号的研制工作，而是转为“幕后策划”和人才培养。他要为我国的雷达预警机事业站好岗，让它在已有的基础上，更好地发展。他深知雷达预警机的研究是项“没完没了的工作”，就像“矛与盾的关系，随着技术不断发展，没有绝对的先进，只能在斗争的行列中不断前进”。

王小谟是一个懂得享受生命的人，京剧和胡琴一直是他生活的良伴。“我曾经有一个愿望，到70岁以后，每天只上半天班，剩下的时间找一帮喜欢京剧的人一起练练。”但到现在，这个愿望也还没有实现。

74岁的王小谟仍然坚守着自己的工作岗位，平时只

要没有外出开会或其他公务，他每天都坚持上班，每周都会到实验室与课题组年轻同志一起研究讨论技术问题，并检查课题进展。他还在谋划祖国预警机未来发展的蓝图，他还想为预警机事业发掘更多的“千里马”。

王小谟说，他也有自己的“中国梦”，那就是“把预警机做得更好，让外国人来看我们的脸色，让我们的预警机成为没有形容词的国际领先”。

记王小谟院士：将用奖金设立基金培养雷达人才

陆琦　《中国科学报》记者

他的名字，与我国国防科技发展史上的多个第一紧密相连：我国第一部自动化三坐标雷达、我国第一部中低空兼顾雷达、我国第一代机载预警系统……他，就是著名雷达专家、中国预警机事业的开拓者和奠基人王小谟。

2013 年 1 月 18 日，王小谟登上北京人民大会堂主席台，从国家主席胡锦涛手中接过 2012 年度国家最高科学技术奖。

在 50 多年的科研生涯中，王小谟为我国国土防空网的建设完善作出了重大贡献，引领实现了国产预警机事业的跨越式和系列化发展，使我国实现从国土防空型向攻防兼备型的跃升。

圆雷达强国梦

王小谟是新中国培养的第一代雷达专家。“做出中国人自己的雷达是我们这代人追求的目标。”

20 世纪 60 年代初，刚参加工作的王小谟就担起了重任：担任我国第一部三坐标引导雷达的副主持设计师。他大胆地突破了传统设计的模式，创造性地提出了脉内扫频的方法，简化了复杂的雷达高频系统，解决了三坐标雷达的技术难关——威力、精度、时间的矛盾。

70 年代初，王小谟支援“三线”，在偏远的贵州山区继续三坐标雷达研制，并担任主持设计师。他大胆创新，采用了多项新技术，十三年磨一剑，成功研制出我国第一部自动化三坐标雷达。

如今回想起来，王小谟的那份使命感和荣誉感溢于言表，“一定要给国家争气，所以无论遇到困难还是压力，始终保持旺盛的精力”。

在三坐标雷达研制成功之后，王小谟开始对地面雷达的低空防御技术着力开展攻关。他带领团队，以超常规的速度成功研制我国第一部中低空兼顾的微波雷达，使我国在低空雷达方面赶上了世界先进水平。

造民族争气机

2009 年 10 月 1 日，国庆 60 周年阅兵式上，由王小谟主导研制的预警机作为领航机型，引领机群，米秒不差飞过天安门广场。

拥有预警机是中国几代人的期望，在这一刻，终于实现了。坐在观礼台上的王小谟激动地欢呼："这是我们搞的！"两行热泪随即落了下来。

预警机因技术高度密集，系统十分复杂，世界上只有美国、俄罗斯、以色列等少数国家具备研制能力。

20世纪80年代，在雷达科研一线摸爬滚打了几十年的王小谟，义无反顾地投身到我国预警机研制事业中，规划实施了机载预警雷达的关键技术攻关，并逐步突破了机载雷达关键技术。

为了加快预警机研制，我国开展了预警机对外合作。作为项目中方技术总负责人，王小谟坚决要求中方主导研制方案，并在国内同步研制，为自主研制打下了坚实的基础。

"唯有掌握核心技术，拥有自主知识产权，才能将祖国发展与国家安全的命运牢牢掌握在自己手中。"王小谟坚定地说。

就在合作方单方面撕毁合同、中国预警机事业就要被扼杀在摇篮里时，王小谟积极向中央领导和有关部门建议，自主研制国产预警机，"一定要争口气"。

空警2000预警机立项后，王小谟又提出利用国产飞机实现预警机出口的设想，并担任原型机总设计师。他不顾年老体弱，在条件简陋、紧张忙碌的外场试验现场，顶着40多摄氏度的高温和机上90多分贝的噪声，坚持奋战在一线，经常加班到凌晨，连着一干就是两个多月。

在工程最为关键的时刻，王小谟在外场遭遇车祸，

腿骨严重骨折。一个月后，又一无情打击接踵而至，王小谟被诊断出身患淋巴癌。

“这一消息无异于晴天霹雳，令每一个人焦急万分。”王小谟的学生、中国电子科技集团公司电子科学研究院副院长陆军回忆：“躺在病床上的老师依然带着镇静平和的笑容，心怀对预警机事业的牵挂。病情稍有好转，他就拖着虚弱的身体赶到试验现场。”

正是由于这种勇于奉献、顽强拼搏的精神，使得我国成为继美国、瑞典、以色列之后第四个能够出口预警机的国家。

引未来创新路

在陆军眼中，王小谟既是实践家又是战略家。

早在预警机事业之初，王小谟就意识到，除了装备大型预警机外，还应形成中国自己的预警机装备系列，他开始在心中描绘我国预警机体系化发展的谱系蓝图。

继空警2000、空警200国产两型预警机创造了世界预警机发展史上的9个第一之后，王小谟提出了基于国产平台开发预警机的方案，摆脱了我国预警机对国外飞机平台的依赖，加速了我国多型预警机的研制进程。

在王小谟的辛勤耕耘下，我国国产预警机家族不断发展壮大，与此同时，一支技术过硬、作风良好的人才队伍也成长了起来。

“工程不是一个人干起来的，而是一个团队去完成的。”王小谟不止一次提到，站在他背后的，是整个中国电子科技集团公司，是预警机工程的担纲抓总单位。作为预警机工程的总顾问，王小谟主动推荐优秀年轻专家担任总设计师，并亲自担任“幕后总师”，倾心指导年轻的总师们确定总体技术方案，开展技术攻关、系统集成和试验试飞方案等重大工程研制事项。

就这样，王小谟将整个预警机研制团队“捏”在了一起，在空前的挑战下创造出了空前的成绩。

“我们的目标是真正的国际领先，其他国家都以我们的预警机为追赶目标。”王小谟还在谋划祖国预警机未来发展的蓝图，还在为预警机事业发掘更多的“千里马”。

王小谟打算用获得的奖金设立一项雷达奖励基金，用以培养和激励雷达领域的优秀青年人才。

中国科学院、中国工程院院士王淀佐 / 新华社记者：金立旺■摄

郭红松■绘

王淀佐

王淀佐（1934.3.23—）出生于辽宁省凌海市，1949 年东北大学（长春）肄业，1961 年中南工业大学（长沙）毕业。从事矿物加工与冶金专业。多年从事科研、教学和管理工作。主要研究方向有：矿物与材料加工药剂的分子设计和应用表面化学；矿物与材料加工过程溶液化学；矿物浮选电化学和硫化矿电位调控浮选技术；有色金属矿生物湿法冶金；铝土矿的浮选脱硅和有效利用；固体颗粒的相互作用和细粒技术；纳米结构矿物 – 聚合物复合材料；稀土金属的提取和分离精制。在矿物浮选和浮选化学、浮选药剂研究中有系统的创新性成果。发表著作 9 本，论文 300 多篇，曾获多项国家级奖励。1991 年当选中国科学院院士；1994 年当选中国工程院院士；1990 年当选美国工程院外籍院士； 2006 年当选俄罗斯科学院外籍院士。

一为迁客去长沙 西望长安不见家
黄鹤楼中吹玉笛 江城五月落梅花

朱雀桥边野草花 乌衣巷口夕阳斜
旧时王谢堂前燕 飞入寻常百姓家

春城无处不飞花 寒食东风御柳斜
日暮汉宫传蜡烛 轻烟散入五侯家

烟笼寒水月笼沙 夜泊秦淮近酒家
商女不知亡国恨 隔江犹唱后庭花

远上寒山石径斜 白云生处有人家
停车坐爱枫林晚 霜叶红于二月花

黄河远上白云间 一片孤城万仞山
羌笛何须怨杨柳 春风不度玉门关

王淀佐院士
——选矿，不留神就一辈子

喻思娈　《人民日报》记者

“要实现工业化，若只有钢铁，没有有色金属是不行的。”已是80岁高龄的王淀佐院士，谈起有色金属选矿事业重要性时仍激动不已。

15岁接触选矿，至今已65载。用王淀佐的话说：不留神，就干了一辈子。

2010年，王淀佐荣获国际矿物加工大会终身成就奖，成为首位获奖中国人，全世界也仅有6人获此殊荣。

“咬定青山不放松”

天然矿产资源，特别是有色稀有金属矿产资源，既贫又细又杂，需要经过选矿富集分离，才有应用价值。通常做法是，研制化学药剂，将有用矿物成分与其他矿物颗粒分离，是为“泡沫浮选法”。

新中国成立初期，我国选矿人才匮乏。1956年，党中央号召向科学进军，仅在沈阳选矿药剂厂参加过短期技术培训的王淀佐，边工作、边复习，考入长沙中南矿冶学院。

如何找到好药剂，提高选矿效率，王淀佐为此毕生钻研，最终在矿物浮选理论等领域做出一系列开创性贡献。

为什么是王淀佐，而不是别人？

“咬定青山不放松”，王淀佐说，他喜欢郑板桥的这句画竹题诗。选矿，浮选药剂是关键。但研究者开发新药剂，却用老式的“炒菜式”方法，即把各种结构相似的化学品逐一试验，或者混合组配试用，不仅试验工作量巨大，而且常常失之毫厘，差之千里。

“我想要发展一套浮选剂结构和分子设计理论来指导药剂研发。”王淀佐说，而现实的困难是，要探索这个科学奥秘，除必须了解前人工作外，还需掌握有机结构化学和量子化学知识，而这些都是课堂没教过的知识。

20世纪70年代，学术交流比较闭塞，中文的参考书很少，研究工作往往是独自摸索。为了解决这一难题，他一扎进去就是几十年，常常冥思苦想，废寝忘食。

由于长时间过度用脑，王淀佐40多岁时经常偏头痛，并且越发严重。直至近60岁，通过治疗和自我保健运动调节，病痛才慢慢缓解。

科研探索，永无止境。

20世纪90年代，国际上开始兴起用生物学方法找矿的先进技术。当时，已经60多岁的王淀佐嗅到了方法的

革命性变化，他带头跟进学习。最终使我国迎头赶进，成为该领域的重要研究阵地。

“我认为有必要、有条件研究的课题，一旦入手，不轻易放下，不见异思迁。”王淀佐说，自己从事的浮选药剂、浮选电化学、浮选溶液化学等题目，都是前后坚持了 20 年甚至 30 年，才完成的。

“任尔东南西北风”

大跃进时期，炼钢铁的土高炉遍布全国。

针对土炉炼钢弊端，王淀佐指出：炼钢对温度要求很高，烧煤是不行的，要烧焦炭，而且一定要鼓风。我们还要解决耐火材料问题，因为炉子没有耐火性，钢是炼不成的。当时虽然挨了批评，但王淀佐仍坚持自己的见解。

“‘任尔东南西北风’，我坚信科学技术、知识创新对人类发展、国家建设的重要价值，人民需要我的工作和奉献。”即使再困难，王淀佐也从没想过放弃科研工作。

“文革”期间，实验室关闭，他就在家里关起门来，用计算器推导运算，差不多每天都是 12 点以后才准备睡觉。“因为夜深人静，没有人打扰，反而更好工作了。”王淀佐风趣地说。

“文革”期间，王淀佐凭借超人的毅力完成了有关新品种药剂研究的 10 篇系统文章，逐步形成了自己的选矿理论。

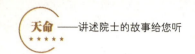

为保证文章顺利发表，王淀佐用“钟宣”作为笔名，但当年搞有色金属的人，都能读出来是他写的。

拨乱反正后，因不用再担心钻研业务而遭受压力和非议，王淀佐热情投入科研事业。“当时只感到时间不够用，恨不得把一天当两天使用。”王淀佐说。

20世纪80年代，已届知天命之年的王淀佐，却感到精力无比充沛，每天都有新的思路和新的进展。

从1980年到1990年前后10多年的时间里，他与合作者共同撰写出版了三四本专著，发表了近200篇的研究论文，将我国选矿研究推向深入。

不计个人一时之得失，不管个人暂时毁誉荣辱，专注于选矿研究，是很多研究同行对王淀佐共同的评价。

“不拘一格降人才”

1985年，王淀佐任中南工业大学校长时，一改五六十岁才有资格评教授的惯例，破格提拔了一批年轻人。当年被他培养的年轻研究骨干，后来都成长为院、校级领导，成为我国选矿事业后进的优秀人才。

“言教不如身教。”王淀佐说，自己反复帮博士生修改论文，一块探讨，在与年轻人交流中共同成长。

现任北京有色金属研究总院院长的张少明感慨，没有王淀佐当年的破格提拔，院里的领导班子不会像今天这样年轻有为。

“弱冠年华渡楚江，皓发苍颜返旧邦。”1992年，王淀佐离开中南工业大学，出任北京有色金属研究总院院长。任院长期间，王淀佐打破论资排辈的晋升传统，院里一批年轻有为的科研人员得以破格提拔。

张少明介绍，现任北京有色金属研究总院近一半的领导，是王淀佐任院长期间提拔起来的。

“不拘一格降人才”，是王淀佐一贯的用人作风。

学习选矿专业的，农村学生比较多，不少学生家庭比较困难。在中南大学支持下，以王淀佐命名的“王淀佐奖学基金”进入筹备阶段。该基金设在中南大学，奖资面向全国，每年将有上百位本科生从中受益。

去年，王淀佐患上脑溢血，卧病在床的他，仍念念不忘我国的选矿事业。

“我国的铝土矿资源不好，要是能从20亿吨煤灰里面提出铝来，变废为宝，铝矿就不需要进口了。”王淀佐打电话叫来自己的学生，提醒他们要做好这方面的研究。

“我最大的梦想是把中国的工业化、现代化搞上去。”老人如此描述自己的中国梦。

“抓住了就不能放”
——记我国矿物工程学家、两院院士王淀佐

罗沙、翟玉珠　新华社记者

“得脑溢血住了院，还不忘跟我们这些去探望的人叨唠从粉煤灰里提取铝矿的事儿。”回想起矿物工程学家、中国科学院和中国工程院院士王淀佐不久前住院的情景，熟悉他的人莫不暗自抹泪。

“从煤燃烧后的粉煤灰里提取铝金属，又获取资源又保护环境，这个事情请你们一定不要放掉。”这位白发苍苍的八旬老人坐在病床上，不断向来看望他的人叮嘱着。

抓住不放，干一行爱一行

“学习雷锋的螺丝钉精神，党叫干什么就干什么，干一行爱一行。”刚出院不久的王淀佐听力不太好，说话前常常要稍微停顿一下。谈及是什么让他进入有色金属研究领域并取得重大成就时，他说得很朴实。

15 岁开始在东北有色金属工业局参加工作，边干边

学。王淀佐没有念过正规的大学，后来受党的指派到湖南长沙中南矿冶学院学习，从此便开始了选矿药剂、浮选药剂的试验研究。

“20世纪六七十年代，因为埋头业务并稍有成绩，就被扣上白专、名利之帽。”他说，“我倒算是执迷不悟，坚持搞基础研究，还要发表论文。”

为了躲避批判，他在“文革”期间曾用“钟宣”作为笔名在《有色金属》杂志上发表十余篇文章。大炼钢铁期间，他向上级提出，炼钢需要的温度是1300摄氏度，只烧煤是不行的，要有焦炭，炉子也要扛得住，得先搞耐高温材料。结果这些意见让他挨了批斗。

“那时候图书馆关了，计算机也不让用。就只能晚上回家自己偷偷做，用小型计算器试算方程式。”王淀佐十分感慨，“计算机一分钟就能完成的事儿，那时候要耗费一个多月。当时心想年轻身体好，就多学点多干点，没想到后来身体就越来越不好了。”

“抓住了就不能放。”就是靠着这股劲，王淀佐一步一步从零基础走到了专业领域的领头人。他开拓的“电位调控浮选技术”正在工业上推广和运用，可以大大加快硫化矿浮选速度并实现多金属硫化矿更好地分离。2010年，他获得国际矿物加工大会终身成就奖，成为第一位获此殊荣的中国科学家。

变废为宝：粉煤灰中提取铝

“中国虽然地大物博，矿产资源丰富，但品质不好。”

一提起专业上的事情，王淀佐的眼睛里立刻闪耀着光芒。“我国是产铝大国，也是全球第一铝消费大国。有一次，内蒙古鄂尔多斯一家铝矿企业从煤炭燃烧的粉煤灰中提取出了铝矿资源，给我留下了很深的印象。”他说。

“活到老学到老，我再活十年到90岁。只要有那么一天，我还是要发挥自己的余热，为党和人民作贡献。”住院期间，老人还在研究从粉煤灰中提取铝矿的试验项目，每当有领导、同事或学生来探望他时，他就跟别人讲这个事情，还提出建议成立联合攻关组。

“如果能从不同的粉煤灰里提取铝矿，这是件变废为宝的好事儿。”他喃喃地说，要在老工业基础之上，利用新技术和循环经济的思想，形成一个新兴的战略产业。

他说，我国每年都要从澳大利亚、印度尼西亚进口大量铝矿资源。如果粉煤灰中提取铝的试验成功，“从不同的粉煤灰中都能提取铝，那我们就不需要再进口铝矿了，对经济能够发挥很大的作用。”

“发电厂粉煤灰回收不彻底，排到空气中就容易造成雾霾，煤炭在运输过程中也会产生空气污染，且运费高昂。如果试验成功，就可以将铝厂设在煤场旁边，减少煤的运输量。把煤矿公司、发电公司和铝业公司，三个公司整合成一个大公司，既减少各自的经济成本又减少环境污染……”老人滔滔不绝地跟记者说着，一旁的人们却露出了担忧的神色。

“王老，您身体还没完全恢复，慢点讲……”

科学家、领导、导师“多肩挑”

作为科学家，他带领中南大学矿产资源综合利用创新团队，研究浮选剂结构理论、硫化矿浮选电化学，在矿物加工浮选理论方面取得创新性的成果，是我国矿物加工领域首位也是至今唯一的中国科学院院士。

作为北京有色金属研究总院院长，他搞改革。初到研究院时，他发现整体队伍老化，平均年龄五十多岁，立刻就破格提拔了一批年轻人，“你得给他职称和位置，不然怎么发挥他的作用？”

这在当时引起了一些人的不满，“有人说要论资排辈，我就说如果到五六十岁才评教授，身体也不行了，干不了什么事儿了，我们的事业也没法发展了。”老人笑称，“当年不喜欢我、恨我的人后来也不恨了，因为我不为自己谋私，我的小孩都不在有色院，提拔的年轻人我以前也都不认识。”

作为导师，王淀佐有着严谨的治学精神。他担任原中南矿冶学院院长时一边做研究一边做行政，并号召整个学校的领导要给学生上课、做试验，并且还要是基础课。

目前，中南大学正在建设“王淀佐院士教育基金”。计划在中南大学、东北大学、北京科技大学、中国矿业大学、江西冶金学院、云南理工大学六所院校中，为矿业资源学科的学生提供奖学金。初步计划每年分别奖励100个本科、硕士、博士生，每人每学期分别为1万元、3万元和5万元。

“实现中国梦要干事儿，不能都靠老家伙。”老人笑了。

虽九死犹未悔

——王淀佐院士和他的冶金情结

金振娅　《光明日报》记者

老人病后初愈，安静地坐在那儿，虽年逾八旬，但柔和的目光中不时闪过坚毅和智慧的光芒。

“亦余心之所善兮，虽九死其犹未悔。”老人用屈原的这句诗来表达自己对冶金事业的热爱。他就是两院院士、我国著名的矿物加工与冶金技术专家王淀佐。

高屋建瓴谋划铝土矿资源明天

2012年，一次突发脑溢血险些把老人击倒，经过医护人员的积极抢救，老人总算脱离了危险。稍稍恢复意识的王淀佐心里装着的全是有关铝土矿资源的事。

他对前来探望的中国工程院办公厅主任董庆九反复说起，国家铝土矿资源贫乏，但大量进口铝原料，又花费了国家太多外汇。

的确，我国现有铝土矿资源储量约为25亿吨，可经济利用的富铝土矿资源量不足 10 年，80% 的中低品位的铝土矿得不到有效利用。

此前，王淀佐带领团队研发出新工艺，并指导建成全球首条浮选脱硅—拜尔法氧化铝生产线，实现了低品位铝土矿的高效利用，使我国铝土矿资源保障年限从不足 10 年延长到 50 年以上，并因此获得 2007 年国家科技进步一等奖。

但 50 年后怎么办？王淀佐告诉记者，还有一个变废为宝的办法：把发电用煤留下的粉煤灰里面的铝，提取出来。

“这是个一举多得的办法，不但能解决铝资源严重不足的问题，还能大幅降低铝的生产成本，并解决粉煤灰污染的大难题。”说到这儿，老人难掩兴奋：这是利用循环经济思路开发的新型产业。如果技术攻关成功，国家可不再进口铝，甚至可以不再开采铝土矿。

王淀佐的这一高屋建瓴的战略思考，得到了他的团队的认同和支持。目前，有关方面正强强联手，组成技术攻关组攻关。

在人们眼中，王淀佐作为一个创新成果卓著的科学家，早已“功成名就”了。他在科研上着力最多的浮选药剂的研究，是“泡沫浮选法”技术的关键部分，而“泡沫浮选法”被称为科技史“奇迹”。

他在这方面的理论研究和发明应用直接奠定了我国在该领域的国际领先地位。在 2010 年第 25 届国际矿物加工大会上，王淀佐获得了“国际矿物加工协会终身成就奖”，成为首位获得该奖的中国科学家，而全球仅6位科学家获此殊荣。他还曾担任中国工程院副院长。

但对这些，王淀佐毫不在意，他的全部精力和热情永远放在新的课题和挑战上。在进入耄耋之年后，也没有分毫减退。

传道授业带出精锐团队

“三十五载住潇湘，春笋秋菘岁岁尝。一旦北归辞岳麓，心随雁阵忆衡阳。”1991年，老人调离湖南时，曾赋诗表达他的不舍之情。老人一生最美好的青春年华在此度过，在那里他不但取得了大量科研成果，同时还传道授业，培养了大批冶金人才。

1984年，王淀佐担任了原中南矿冶学院分管科研开发的副院长。此间，他把教师队伍的建设摆在最重要的位置。在他的带领下，经过近30年的发展，被业界誉为“长沙学派”的中南大学矿产资源综合利用创新团队，为我国矿产资源的高效循环以及绿色开发利用作出了重要贡献。

面对全球大量低品位铜、金、铀等矿产资源难以经济有效利用的状况，王淀佐带领他的团队进行矿物学—生物学—冶金学等多学科交叉融合，实现了生物冶金从定性到定量、从理论到实践、从国内到国外的跨越，提高了矿产资源的综合利用水平。基于此，2011年9月在长沙举行的第19届国际生物湿法冶金大会，决定在会间成立国际生物湿法冶金学会，学会总部设在了中南大学。

讲到人才培养的问题，王淀佐对记者说起了他念念不忘的另一件心事。他说，现在学习冶金专业的学生大多来自农村，经济困难。他一直想设立一个奖学金，鼓励后学。这个想法得到了教育部的支持，老人正在积极努力，争取把奖励范围扩大到国内所有学习矿冶专业的学生。

知人善任不囿于体制敢于创新

“王老不仅是一位战略科学家、教育家，还是一位善于管理、知人善任的开明领导人。”北京有色金属研究总院院长张少明由衷地说。

1991 年至 1996 年，王淀佐担任北京有色金属研究总院院长。他回忆，那时科研队伍老化，科技干部平均年龄 58 岁。王淀佐认为，必须通过改革，建立一支高水平的队伍，为有色金属工业和国防军工开展科研奠定人才基础。

张少明回忆，当时好多老同志不理解，闹情绪，称破格提拔的教授是“破教授”。但是，王淀佐顶住压力，为大批青年人才脱颖而出创造了条件。

在机制转换、科研开发、领域整合、科技产业等方面，王淀佐也作出了突出贡献，为北京有色金属研究总院的发展打下了坚实基础。在 60 年院庆时，王淀佐的题字是：“知崇礼卑，止于至善。”

“我从事的专业是个小学科，但我愿意继续努力，发挥余热，为国效力。”老人谦和而坚定地说。

执著无悔淘“金”者

刘松柏　《经济日报》记者

“如果能把20亿吨发电煤产生的粉煤灰利用起来，把其中的铝提炼出来，我们就不要进口铝矿，也不要开采铝矿了。”只要谈起选矿，王淀佐声音洪亮、思路清晰，言语中壮志满怀。如果不是亲眼见到他是在工作人员搀扶下走进会议室，很难相信眼前这位年近80岁的老人大病初愈。

从粉煤灰中提取铝，在老工业基础上形成一个新的战略产业，王淀佐高瞻远瞩，建议成立联合攻关组，而且坚信一定会成功。“他是一位战略性的科学家。”北京有色金属研究总院院长张少明这样评价他们的老院长。而王淀佐则说，“如果我能活到90岁，还有10年，我希望在有生之年还能为国家尽一份力”。

从“门外汉”起步

基础差，我就多花点时间，多干一些。我一边工作一边学习，在学中干、干中学，渴望学到更多的本领。

2010年，王淀佐荣获“国际矿物加工大会终身成就奖”，成为首位获得该奖的中国科学家，此前全球仅有6位科学家获此殊荣。与此形成鲜明对照的是，王淀佐是从一个“门外汉”一脚踹开选矿事业大门的。“我没有你们现在这么好的条件，可以读本科、读硕士、读博士，我当时初进选矿专业技术的门槛，只在沈阳选矿药剂厂参加过短期的业务培训。”

1950年，刚刚诞生的新中国百废待兴，国家建设迫切需要各方面的人才。在东北大学政治学院学习了半年后，16岁的王淀佐被分配到东北工业部有色金属工业局，经过技术培训，从实习技术员到转正成为一名技术员。

“新中国成立初期，大家群情向上，工作热情无比强烈。”王淀佐回忆说，“那时，总觉得自己有使不完的劲，我的基础差，我就多花点时间，多干一些。我一边工作一边学习，在学中干、干中学，渴望学到更多的本领。”

干一行，爱一行，此时的王淀佐对矿业事业有了更深的理解。“没有现代矿物加工科技的支撑，就没有今天的工业化和现代化。”一种神圣的使命，一种强烈的爱国情怀在王淀佐心中升腾，“系统地学习专业知识，为实现‘四个现代化’做贡献。”

1956年，党中央发出“向科学进军”的号召。王淀佐迎来了实现梦想的机会，在工作 7 年后，第二次走进了大学校园，考入了他向往的中南矿冶学院（即现在的中南大学）。当时的中南矿冶学院是院系调整时，由武汉大学、湖南大学等 6 所大学的矿冶专业合并组成，实力非常雄厚。王淀佐一头扎进知识的海洋，如饥似渴地吮吸着知识的营养。他说，“一个人要想在科技事业上有所成就，在青年时期一定要树立服务人民、报效祖国的远大理想，才能有所作为”。

1991 年，是王淀佐人生旅途的又一转折点。这一年，他当选为中国科学院技术科学部委员（院士），并调任北京有色金属研究总院院长，同时举家迁至北京。从 22 岁抵长沙，到 58 岁离湘；从一个不谙世事的年轻人，到两鬓沉霜的科学院院士。36 年，王淀佐在湖南度过了一生中最美好的时光，留下了艰辛的足迹和耀眼的辉煌。

王淀佐饱含深情地说：“是湖南人民哺育了我，我要为湖南贡献终生！”

咬定青山不放松

我能搞出一定的成果，靠的是为国家作贡献的坚定信念，才能虽经万难而不改初衷。

1961 年，王淀佐以优异的成绩毕业，留校当了老师。他准备好了，踌躇满志地谋划着在选矿事业上大干一番。

选矿，好比沙里淘金。但我国选矿领域面临的问题是，矿产资源丰富，但贫矿多、细粒矿多，矿物共生组合、矿石结构和化学成分甚为复杂，可以说，我国的选矿工艺研究是世界级难题。王淀佐立志攻克的，便是这些世界级难题。

他介绍说，“泡沫浮选法”是最有效的矿物加工技术，浮选过程是：矿石粉碎后，其中某种有用矿物成分细颗粒，在一种特制的化学药剂作用下，可以黏附在气泡上，在矿浆水中漂浮成泡沫而与其他种矿物颗粒分离。因此，泡沫浮选的技术关键是浮选药剂。当时，世界上不少专家都在做各种努力，试图找到用极少剂量就能让矿物漂浮，并且可以随心所欲地调控不同矿物浮选行为的药剂，然而都收效甚微。

从何处着手才能更有效地研发出浮选药剂？王淀佐日思夜想着。20 世纪六七十年代，泡沫浮选应用尚无系统的结构化学解释，更不用说有分子设计理论。摆在王淀佐面前的任务是，一要了解前人已有的工作，二要尽快掌握相关的有机结构化学、量子化学知识和测试技术，这些过去没学过的课程，得从头学起。

“没有条件，创造条件也要上。”王淀佐回忆说，当时的长沙学术交流还比较闭塞，中文的参考书也很少。如果看英文、俄文著作，则因数理基础较差，以及外语的障碍而备感艰难。在百般求索中，王淀佐找到了一条捷径，他发现日本人有出版介绍新学科入门著作的传统，像有关量子化学的书，一开始少用艰深的数学，而着重于介绍物理概念和如何应用。“这正符合我的需要，我在东北日伪时期上小学，看日本专业书还能凑合。”就这样由浅入深，读书、计算与实验室工作相结合，研究工作一步步向纵深推进。

在长达30多年的时间里，王淀佐几乎每晚都是“鏖战”到午夜以后，常常是为了某一难题，冥思苦想，甚至废寝忘食。他既经历过山穷水尽的困境，也体验了柳暗花明的欢愉。由于长时间过度的脑力劳动，他40多岁起便经常偏头痛，且愈演愈烈，直到60岁后才治愈。

在最困难的“文革”时期，图书馆关闭了，实验室关闭了，正常的研究工作被迫中断；埋头研究稍有成绩就被冠以“白专”、“名利”之帽，遭到批判。但即使如此，王淀佐也未曾懈怠，始终为我国矿业事业的发展进行各种努力和探索。在学校没法研究，他就在家关起门来做计算、做研究；公开发表论文遭批判，他就用笔名发表科技论文。“岂余心之所善兮，虽九死其犹未悔”，王淀佐坚信，科学技术、知识创新对国家建设肯定有重要价值。

有耕耘，就会有收获；有超常的付出，就会有超常的回报。王淀佐数十年的无私奉献，换来了一系列令人瞩目的科学技术研究成果：系统地总结出浮选剂结构与性能的关系，提出了浮选剂分子设计理论；提出了“粗粒效应”，丰富了细粒选矿理论，发展了“分子载体浮选”及“开孔挡板搅拌器”等技术……

王淀佐感叹地说：“像我这样既无良好的学历基础，又缺少充分的学术交流和试验条件，能搞出一定的成果，靠的是为国家作贡献的坚定信念，才能虽经万难而不改初衷。对于国家需要的科研项目，绝不能轻言放弃。”

爱才惜才

论资排辈虽然不得罪谁，但这样下去，我们的事业将会受损失。

王淀佐是一个“双肩挑”的科学家，既从事科学研究，也做管理工作。他在担任中南工业大学校长、北京有色金属研究总院院长期间，尤为重视对人才的培养。他的爱才、惜才的品格和精神，受到科技界的大力推崇。

2013年6月15日至16日，中国工程院化工、冶金与材料工程学部、中南大学和北京有色金属研究总院为王淀佐举行了从事选矿事业65周年庆典。16位院士与全国500多位专家学者、企业和学生代表一道，以数十场学术报告向他表达了敬意。“对我影响最深的是王老师的人品和治学精神。”谈及恩师的培养，我国自行培养的第一位矿物加工学博士、中国工程院院士邱冠周说。

“百年大计，莫如树人。”他回忆说，在中南矿冶学院读书时，学院里有26位教授，但当他当院长时，却只有24位教授。更严重的是，经历了“文革”冲击后，当时的中南工业大学青黄不接，人才断层现象突出。1991年，王淀佐在开始担任北京有色金属研究总院院长后也发现，当时的队伍严重老化，科级干部平均年龄58岁。王淀佐看在眼里，急在心里。

怎么办？王淀佐毫不犹豫地决定，“必须大力启用、提拔、培养年轻科技人才”。尽管当时也有一些反对的声音，比如把破格提拔的教授称为“破”教授，但王淀佐力排众议。他认为，“论资排辈虽然不得罪谁，但这样下去，我们的事业将会受损失”。

如今，不论是中南大学，还是北京有色金属研究总院，这一批批破格提拔的年轻人已经成为科技研发的骨干力量和生力军。当年破格提拔的张少明，现在已成了北京有色金属研究总院院长；1988年破格晋升为教授的邱冠周，2011年当选第十九届国际生物湿法冶金大会主席；在王淀佐带领下的中南大学矿产资源综合利用创新团队，更是培养了2名中国科学院和中国工程院院士、2名国家有突出贡献的中青年专家、3名长江学者特聘教授、4名国家杰出青年科学基金获得者等一大批优秀人才，团队平均年龄41岁，其中45岁以下的超过60%。

谈到今后的打算，王淀佐说，“现在学习选矿技术的，农村孩子居多，他们的家庭条件相对较差，学习生活存在这样那样的困难，我有一个梦想，就是能帮助农村孩子有条件学习选矿，培养更多的人才，为国家的工业化、现代化贡献力量”。

据了解，以王淀佐院士命名的“王淀佐奖学基金”已进入正式筹备阶段，以奖励和资助在国内选矿领域作出重大贡献的科技教育工作者和在读学生。该基金设在中南大学，资助范围面向全国，每年将有上百人从中受益。

今后的选矿队伍将规模更大、实力更强，王淀佐对此信心满满。

多一份坚持

采访王淀佐，始终被他身上那份淡定的执着和坚持所感染。

如果有人要问，成功的奥秘是什么？从王淀佐院士身上得到的答案是：多一份坚持。因为有了这份坚持，他从一个选矿的“门外汉”站到了矿物浮选的最高领奖台；因为有了这份坚持，他在即使是“文革”这样最艰难的时期，也始终不放弃对专业的追求；因为有了这份坚持，他在长达20年甚至30年的时间里持之以恒地研究有关浮选药剂、浮选电化学、浮选溶液化学等课题。

坚持并不是一件容易的事，需要有坚定的信念，坚信自己的研究是国家所需、社会所盼；需要有淡泊名利，不计较一时一事宠辱得失的风骨；需要有即使身处逆境也不灰心丧气、“任尔东西南北风”的坚韧。新中国成立以来，正是因为有了千千万万像王淀佐一样的科学家对科学研究的坚持，我国的科学事业才取得了令人瞩目的成就。

当前，我国的科研水平与发达国家相比还存在一定的差距，特别是基础研究方面的差距还比较大，尤其需要科学家多一份坚持、少一份浮躁，只有这样，我国的科研水平才能迎头赶上，取得更加丰硕的成果。

矿物工程学家王淀佐：实现中国梦要干实事

韩秀　中央人民广播电台记者

2012 年，王淀佐院士患脑溢血入院，病床上的他总是跟来探病的师生念叨一件事：期望煤业、铝业、发电三个行业战略合并的梦想尽早实现，用粉煤灰提炼铝，降低能耗、变废为宝。

“中国铝资源需要从澳大利亚、印度尼西亚进口，涨价涨的很厉害。现在我们国家每年有二十多亿吨煤用于发电，发电燃烧的粉煤灰，如果里面能够提出铝来，我们就可以不要进口铝矿了。”

浮选剂的选择直接影响到选矿效率和环境污染，这也是王淀佐致力几十年的研究方向。除了为我国矿物加工与冶金技术发展贡献力量，多年来，王淀佐院士也为国家培养了大量的工程科技人才。1984 年，王淀佐担任

中南矿冶学院的院长，当时，他打破常规，破格提拔了一批年轻有潜质的教授。

“实现中国梦，要干事儿！今年回到中南大学住了两个月，当年提拔的那批年轻人都是骨干了。”

王淀佐：搞科研就是要抓住目标不放

李大庆　《科技日报》记者

1990 年，时任中南工业大学校长的王淀佐接到美国工程院的一封来函。拆开一看，他几乎不相信：自己当选为美国工程院外籍院士。“事先我并不知道我被推荐，至今我也不知道是谁推荐了我。”从 1991 年开始，这位先挂上外籍院士头衔的矿物工程专家又先后当选了中科院学部委员（后称院士）、中国工程院首批院士和俄罗斯科学院外籍院士。

说来令人难以置信。1934 年出生的王淀佐 15 岁就进入了有色金属行业工作。“我没有像今天的年轻人那样有过系统的、读硕士博士的学习过程，也没有出国留过学。”王淀佐只是在 1956 年党中央号召向科学进军时，作为一个调干生进入到中南矿冶学院（中南大学前身）学习。

用始终如一、锲而不舍来形容王淀佐一点也不过分。

但王淀佐自己则说："我搞研究舍得花时间、花力气，愿做事倍功半甚至劳而无功的事情。"

选定目标不放弃

虽是大病初愈，但坐在北京有色金属研究总院会议室里的王淀佐依然精神矍铄。这位前院长回忆自己的人生经历时说："我15岁迈入选矿专业的门坎，在沈阳选矿药剂厂参加短期技术培训班，就与选矿药剂结下了不解之缘。"那时的王淀佐像大多数人一样，党叫干啥就干啥，并逐渐爱上了选矿专业。

命运的改变始于1956年。当时，党中央号召向科学进军，年轻人中掀起了一股学习科学的热潮。一天，处长对王淀佐说，没有受过高等教育，会影响他将来的发展，组织上决定派他作为调干生去上大学。这正是王淀佐梦寐以求、一直向往的事情。于是他抓紧时间复习功课，做考前准备，填报的志愿是位于长沙的中南矿冶学院的选矿专业。这年夏天，他接到入学通知，来到岳麓山下的学校。

5年之后，王淀佐毕业留校，主要从事科研工作。"那时我基础差，但仗着身体好，舍得花时间，多干一些。"王淀佐说，搞科研，就是要抓住目标不放。我做的浮选药剂、浮选电化学、浮选溶液化学等研究，都是坚持了几十年，像郑板桥说的"咬定青山不放松"，一旦入手，不轻易放下，不见异思迁。

文革中“偷偷干科研”

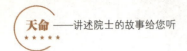

2005年12月，中国工程院化工、冶金与材料工程学部在海南举行学术会议。有一天，会议所在宾馆的大厅里贴出一张海报：晚上座谈研究生教育问题。结果，当晚有20多位院士莅临，王淀佐也参加了讨论。有位院士谈到部分研究生对科研工作没有兴趣，只是为找工作而暂时屈就。王淀佐说，文革不重视科技、教育，把知识分子打成“臭老九”，这些都是极其错误的。但文革也是通过另一种方式在“考验”知识分子。真正喜欢科研的人都没有放弃，或者是在偷偷地干，或者是为以后继续搞科研而偷偷地学习。文革把那些科研投机者和不是真正喜欢科研的人都淘汰出去了，正所谓“大浪淘沙”。

王淀佐就是那种“偷偷干科研”的人。

文革开始时，王淀佐正在中南矿冶学院工作。他靠边站了，挨批了。在实验室关闭不能工作后，他就偷偷地在家里关起门来搞计算推导。“差不多每天都是12点以后才上床，因为夜深人静，别无干扰，最好工作。”

偷偷科研，正是基于王淀佐对选矿工作的喜爱，也正是这种“偷偷”的环境，更增加了他对选矿研究的痴迷。他说，我常常为了某一难题而冥思苦想，甚至废寝忘食，如醉如痴。既经历了山穷水尽，无路可走的困境，也体会到了柳暗花明、豁然开朗的欢愉。

人到了如醉如痴的境界，是不在乎名利的。王淀佐在文革期间曾干过让现在许多人难以想象的事：他以“钟宣”为笔名，在《有色金属》杂志上发表了10篇论文。匿名，只是为了躲避被批判和被指责，只是为了还能偷偷地做他心爱的科研工作。

一位大科学家，一定有他对研究对象痴迷的过程。正是这种痴迷，使他们有了许多在常人看来“另类”的故事。

从选矿工到大师

2013年6月15日，来自全国各地的500多位院士、专家、学者及企业界代表齐聚长沙，庆祝王淀佐从事选矿事业65周年，对他所作出的开创性贡献表示敬意。

王淀佐的工作主要就是用理论指导选矿药剂的设计。他介绍，近一个世纪以来，开采的有色稀有金属矿产，都是既贫又杂，需要经过选矿富集分离，其中最先进的技术是“泡沫浮选法”。就是矿石粉碎后，其中某种有用矿物成分的细颗粒，在某种特制化学药剂作用下，可以附在气泡上，在矿浆水中漂浮成泡沫而与其他种矿物颗粒分离。选用不同的药剂，可以有选择性地使某种矿物浮起。

显然，浮选药剂是技术关键，研究者竞相开发新药。王淀佐说，以前都是“炒菜式”方法配药，就是把各种结构相似的化学品逐一试验，或者混合组配试用，试验工作量巨大。两种化学品分子结构极为相似，甚至仅差一个原子或仅在原子排列上小有不同，性能就大不相同。“我多年痴迷于泡沫浮选法的结构化学解释和分子设计理论研究，希望找到好药剂，提高选矿效率。我乐此不疲，锲而不舍地沉浸其中几十年。”

功夫不负苦心人。王淀佐在矿物加工浮选理论方面作出了开创性的贡献。他所创立的浮选化学理论已成为现代浮选理论的基础，被国内外学者公认为未来浮选科技发展的方向。他发表著作 9 本，论文 200 多篇，并获多项国家级奖励。2010 年 9 月，王淀佐被第 25 届国际矿物加工大会授予终身成就奖，成为首位获得该奖的中国人。

王淀佐：砂里淘金六十载

陆琦　《中国科学报》记者

王淀佐，中国科学院和中国工程院院士，美国国家工程院和俄罗斯科学院外籍院士；从事矿物加工与冶金研究工作60余年，尤其在矿物浮选和浮选化学、浮选药剂研究中有系统的创新性成果；先后担任中南工业大学校长、北京有色金属研究总院院长、中国工程院副院长，为国家培养了大量的工程科技人才，对中国矿物工程科学技术发展作出重大贡献。

问他成功的秘诀是什么？回答很简单：一是“咬定青山不放松”，一旦入手，不轻易放下，不见异思迁；二是“任尔东南西北风”，不计一时一事之得失，不管个人暂时的毁誉荣辱，即使身处逆境也决不灰心丧气；三是带领团队通力合作，优势互补。

成就始于青年立志

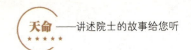

从17岁开始，王淀佐就从事矿物加工技术工作，“与石头打交道，砂里淘金，一干就是60多年”。

1950年，王淀佐初到东北有色金属工业局工作时，只经历过短期的业务培训。为了弥补专业基础知识，他就在学中干，干中学。

“由于没有系统地学习过专业知识，在工作中遇到了许多难题。”王淀佐迫切渴望获得更多的机会学到更多的本领，为新中国的矿业发展作出更大贡献。

王淀佐坚信：“一个人要想在科技事业上有所成就，在青年时期就要树立服务人民、报效祖国的远大理想。”

1956年，23岁的王淀佐在工作6年后，考入了中南矿冶学院（先后易名为中南工业大学、中南大学）。

在大学里，那些系统读过初高中的同学年龄普遍比王淀佐小，学习数理化基础课比他轻松很多。于是，王淀佐下大功夫，补做了大量的课内外作业，咬紧牙关，学完五年学制的30多门课程。同时，王淀佐阅读了英、日、俄语的大量专业书籍，做研究型的学习，还和系里的老师一起做科研课题。

1961年，王淀佐以优异的成绩毕业，留校任教。

浮选药剂是毕生事业

浮选药剂的研究，是王淀佐痴迷一生的工作。

“没有现代矿物加工科技的支撑，就不能提供发展

需用的各种金属非金属材料，就没有今天的工业化和现代化。”王淀佐说，我国矿产资源极其丰富，但贫矿多、细粒矿多，矿物共生组合、矿石结构和化学成分等甚为复杂，因而中国的选矿工艺科研项目常常是专业领域的世界级难题。

从事这项研究除了必须了解前人已有的工作之外，还需要有一定的有机结构化学和量子化学知识。对于没学过相关课程的王淀佐来说，又要从头学起。他阅读大量外文文献，将读书、计算与科学实验相结合，锲而不舍地沉浸其中几十年，一心只为找到好药剂来提高选矿效率。

“文革”期间，埋头业务并稍有成绩的王淀佐被冠以“白专”、“名利”之帽，面临极大压力。当时为了躲避批判、指责，他曾用笔名发表科技论文；实验室关闭不能工作，就在家里关起门来计算推导。

由于差不多每天晚上都 12 点以后才睡觉，长时间过度的脑力劳动让他 40 多岁起便经常偏头痛。

“我的中国梦，就是把中国的工业和现代化搞上去。”正是这个梦想支持着王淀佐坚持科研六十年如一日。

科研管理双肩挑

在我国科研成就卓著的科学家中，王淀佐是一位“双肩挑”类型的专家。

1984 年，他被任命为中南矿冶学院副院长，从此走上了“双肩挑”的岗位，一方面做教学科研，一方面做管理工作。一年之后担任院长，负责学校全面行政工作。

之后，王淀佐调任北京有色金属研究总院院长，举家从长沙迁回北京。

“这期间我主要做了两件事情。”王淀佐回忆说，一是推动应用型研究机构转制办产业，确定半导体、粉末、冶金、有色金属加工和稀土5个产业方向；二是重视队伍建设，积极提拔年轻人。

1998年至2006年，王淀佐担任中国工程院副院长。

中国工程院是我国工程科技事业的最高学术和决策咨询机构，其工作重点是为国家重大工程决策发挥思想库的作用。王淀佐秉持“院士不光是个牌子，要为国家干点事”的想法，积极组织工程院院士为国家发展出谋划策。

至今，已多次因病入院的王淀佐仍以“螺丝钉精神”自勉，“干一行爱一行，拧在哪里都要闪闪发光”。“我愿意继续努力，活到老学到老，发挥余热，尽我的所能再多做一些工作。”

中国工程院院士邱中建 / 新华社记者：金立旺■摄

郭红松■绘

邱中建

邱中建 (1933.6.9—) 石油地质专家。出生于江苏南京市，四川省广安市人。1953 年毕业于重庆大学。是大庆油田发现者之一，获 1982 年国家自然科学奖一等奖。20 世纪 60 年代在胜利油田工作，对发现及评价胜坨大型油气田作出了贡献。70 年代与同志合作，首次提出复式油气聚集区（带）的概念，对勘探进程产生重大影响，复式油气聚集区（带）理论与实践，获 1985 年国家科技进步奖特等奖。80 年代首次运用国外油气资源评价方法及流程，对珠江口盆地、辽东湾进行评价，相继发现流花、惠州、绥中、锦州等一批大型和中型油气田，获 1988 年国家科技进步奖二等奖。90 年代领导并组织了塔里木石油勘探开发，是中国第一个大型气田克拉 2 气田的主要发现者，直接推动了“西气东输”工程的顺利实施，获 2001 年国家科技进步一等奖。1999 年当选为中国工程院院士。

天然

我国非常规气的战略地位。

(一) 美国非常规天然气的快速发展震撼了世界

① 美国天然气在高峰平台上连续运行4年，然后递减，岩气开采，继续发展，成为全世界第一产气国。

② 美国花了20年时间，使非常规气产量从微不足道，发展至总产量的60%，是美国天然气生产量长期不衰的主要原因。

③ 美国非常规气的快速发展，主要是技术进步和政策支持。

[illegible]

(二) 我国非常规天然气也具备加快发展的条件。

① 我国能源结构促使非常规天然气必须和常规天然气加快、同步、优先发展。

② 非常规气资源量大于常规气，勘探开发有很大潜力。

③ [illegible]是非常规气发展的必然选择。

④ 煤层气经过多年的经验也具备了加快发展的条件。 [illegible]

⑤ 页岩气需要掌握真的技术以后，也具备发展的潜力。

(三) 再用20年，我国非常规气可以和常规气平分秋色，占有天然气总产量的半壁江山

① 年产量目标的设想。

“来生，还会找油”
——记石油地质勘探专家邱中建

喻思娈、方草山　《人民日报》记者

“我的一生并没有多大亮点，概括起来，就是三个字‘找油气’。”眼前，精神矍铄的中国工程院院士邱中建如此回首自己80年的人生经历。

征战塔里木

我国石油工业常常集中优势力量，在重点地区和重点环节进行勘探开发。这被称为石油会战。

1989年，年近六旬的邱中建进驻塔里木盆地，一干就是10年。56万平方公里的塔里木盆地，油气资源丰富。然而，盆地边缘高山陡峻，内部黄沙覆盖，沙丘有时高差近200米，这里有着全世界最复杂的地质条件，石油勘探程度很低。

1989年10月，一股强大的油气流从3000多米的地层深处呼啸而出，“塔中1井”出油了！这个塔克拉玛干沙漠腹地的第一口成功的预探井，使会战人员异常兴奋。

兴奋并未持续太久。根据常规勘探理论，会战人员在其旁边打了两口井——“塔中3井”和“塔中5井”。令人遗憾的是：两口井竟全是空的！坚持还是放弃？这种兴奋和困惑始终伴随勘探全程。

邱中建边实践、边总结，带领团队开展技术攻关，终于对当地构造形成模式有了新认识，并找到了钻探的有效办法。

1998年9月，“克拉2井”成功钻成，获得日产80万立方米的高产气流。夜幕降临，呼啸喷涌的天然气，像一道神奇的彩虹。

“彩虹呼啸映长空，克拉飞舞耀苍穹。弹指十年无觅处，西气东送迎春风！”10年努力没有白费，邱中建感慨万分，即兴作诗。

克拉2号大型气田的发现，奠定了我国“西气东输”的资源基础，2001年，该成果获得国家科技进步一等奖，邱中建是主要获奖者。

60年来，除塔里木盆地外，邱老先后参加了松辽盆地、渤海湾盆地、四川盆地等油气勘探，是我国陆相生油理论的杰出践行者。

无私者无畏

邱中建坦言，年轻时投身石油工业，没想到一干就是60年。

已过耄耋之年的邱中建院士，精神仍很矍铄，他笑称，这可能得益于自己长期在野外工作的锻炼。

1957年，年仅24岁的邱中建，被任命为松辽平原地质专题研究队116队队长兼地质师，前往东三省，了解油气资源远景。东北的雨季，野外道路泥泞，行走艰难。地质研究队员白天徒步赶路，观察剖面，背负标本，入夜就在老乡家的土炕上，借着煤油灯的光亮，整理资料。30多年后，邱中建依旧奋战在艰苦的野外一线。

无私者无畏。

20世纪50年代，国内石油勘探从苏联专家那里学到不少东西，但也出现了迷信苏联专家理论的倾向。邱中建坚持认为，指导工作的应该是实践，而不是教条。1956年至1957年，针对当时苏联专家提出的石油勘探程序问题，初出茅庐的邱中建连续在《石油工业通讯》发表了两篇文章，提出了自己的不同意见，引发一场全国石油地质界关于勘探程序与对策的大讨论。

“当时还是很有压力的。”邱中建说。实践证明，这场讨论形成的一些意见，逐步成为我国油气区域综合勘探的原始模式。

改革开放后，邱中建转战海洋石油领域，如饥似渴地向国外油气公司学习，并主张与国外公司合作，吸取先进勘探经验。但对外合作远没有想象中顺利。在当年国家能源委员会组织的一次讨论上，有人提出“卖资源的行为就是卖国主义”。在这个大帽子下，合作屡屡受挫。

1984年，我国海上石油出现对外合作勘探开发的第一个高潮，直接推动了我国海洋石油工业的早期发展。随后，邱中建负责绥中地区海洋石油自主勘探，发现了绥中 36–1 等大型油田，推动我国海洋石油工业从对外合作成功转型到自主勘探。

老骥伏枥献余热

1999 年后，邱中建离开油气勘探一线转入了后方决策支持研究，但他一刻也没有停止对油气资源发展和利用的思考。

2003 年 5 月 26 日，对邱中建来说是个特殊的日子。这一天，根据时任总理温家宝的指示，中国工程院组织开展了“中国可持续发展油气资源战略研究”。邱中建院士作为课题组副组长，负责协助侯祥麟院士组织相关单位的 120 名专家学者，围绕我国油气资源可持续发展的重点和关键问题，进行跨学科、跨部门、跨行业的深入调研工作。历时一年，课题组形成了综合研究报告——《中国可持续发展油气资源战略研究》。

我国人口多，人均资源少，石油供应压力很大，原油对外依存度不断攀升。“我们一定要找到实现资源可持续发展的道路。”最近十多年，邱中建全身心地投入到这个复杂而艰巨的任务。邱老认为核能、天然气、水能，可以称为清洁能源的“三驾马车”，发展潜力很大。如果这三种能源都能发展到一次能源消费的 10%，加上石油的 20%，煤炭的比重就能降低到 50% 左右。“这样我国的能源结构就会好得多，清洁得多”，邱中建说。

对于新一代石油人，邱中建赞誉有加并寄予厚望。他认为每个人都有自己的机遇，但成功的机遇往往降临在那些锲而不舍、勤奋的人身上。他动情地说：“我对能从事60年石油地质工作，感到非常幸运，非常充实。如有来生，我还会选择找油这条路，永不后悔！”

用一生为祖国找油

——记我国石油地质学家、中国工程院院士邱中建

罗沙　新华社记者

“一十二十读书郎，三十四十会战忙，五十六十探沙海，七十八十恋夕阳。”我国石油地质学家、中国工程院院士邱中建在回首80年人生路时，脱口而出一首打油诗。

作为大庆、塔里木等我国重要油田的发现人之一，这位白发苍苍老人的话语中显出长者的沧桑与坦然，科学家的睿智与从容，找油人的坚韧与宽厚。

“彩虹呼啸映长空，克拉飞舞耀苍穹”

“我这辈子很简单，概括为两个字是‘找油’，三个字就是‘找油气’。”邱中建说。

在这“简单的岁月”中，他先后参加了松辽、渤海湾、四川、近海海域和塔里木等盆地的油气勘探，是中国陆相生油理论的杰出践行者。他还提出渤海湾复式油气聚

集理论等重大科研成果，为我国发现和开发建设一系列重要油气田作出了重要贡献。

“会战”这个词，几乎贯穿他60年的找油生涯。

第一个大会战是大庆油田会战。从1957年石油系统首批进入松辽平原开展地质调查综合研究开始，邱中建栉风沐雨，白天采集岩石标本，晚上在农家村舍的土炕上点着煤油灯整理资料。1959年国庆节前夕，油井成功喷油。由于时值10周年国庆，油田被命名“大庆”。

塔里木石油会战是邱中建参加的最后一次会战，他在那里工作了10年。

“塔里木找油从1989年开始，找得非常辛苦，比原来我们想象的要复杂得多。”邱中建说，“一年定了三口井，打得非常艰苦，结果三口井都打空了，让人不知所措。”是坚持还是放弃，众说纷纭，身为指挥的邱中建选择了技术攻关和地质再认识。

“通过物探技术、钻井技术、创新钻井技术，这个事情最终做成了。”1998年9月17日，塔里木油田克拉2井获得日产80万立方米的高产气流。呼啸喷涌的天然气在夕阳照耀下映出一道绚丽的彩虹，邱中建当场赋诗：“彩虹呼啸映长空，克拉飞舞耀苍穹。弹指十年无觅处，西气东送迎春风！”

“有激情，要坚持”

“我记得先辈讲过，一个石油地质学家的脑袋里没有油，那他就肯定找不到油。”邱中建说，“就是说，找油首先要有激情，才能坚持干下去。”

1933 年出生的邱中建，经历了南京沦陷前的逃难，目睹了日寇对重庆的轰炸。“国耻、逃难、挨打和屈辱，在心里留下很深的印痕。”他说。

“几次坐船经过长江三峡，两岸不断移动的山峰给我留下无限的遐想和难忘的印象，让我喜欢上地质专业。”大学毕业后，邱中建和他的同学们怀着一种虔诚和渴望的心情，期待到最艰苦的地方去报效祖国。1957 年初，他被任命为队长，在石油部勘探司的安排下，带领松辽平原专题研究队 116 队深入实地开展石油地质综合研究，为日后大庆油田的发现奠定了基础。

1989 年春天，邱中建受命奔赴塔里木，此时他的母亲年岁已高，经常卧床不起。他心中纵有千般挂念，却毅然踏上征程。

“石油勘探是异常艰苦的工作，不论是生理上还是心理上。”他说，“我们常说沙漠里空气干燥、工作枯燥、心情烦躁。一帮精力充沛的年轻人，天天两班倒干活，看到一只老鼠都觉得很新鲜、很高兴。”

“常常有人问，这么枯燥的工作，怎么能保持激情？我觉得很简单，你对一样东西有兴趣，就总能找到为之奋斗的目标。”邱中建说，“我也不懂什么大道理，就懂得一点，要坚持。”

心系国家能源可持续发展

“我已经 80 岁了，希望身体健康，能继续为国家的

石油勘探事业再做一点工作。”现在，离开一线岗位的邱中建还在做后方决策支持研究。

“我国能源结构中煤炭占比太高，而石油对外依存度在 2011 年达到 56%。”说起我国的能源结构，邱中建非常担心，“要对能源供应和消费两侧加强管理，不能只管供应不管消费，一定要节约优先。”

他提出，核能、天然气、水能这“三驾马车”是改善我国能源结构的关键。“如果这三种能源占比能达到10%左右，石油占比保持不变，煤炭就能下降到50%左右。这个是完全做得到的。”他说。

“我国天然气潜力巨大，特别是致密气、煤层气、页岩气这三种非常规天然气，资源非常丰富。”邱中建说。

当记者问到我国页岩气发展情况如何时，他说：“跟有些专家看法不同，我觉得页岩气前途光明，但是短期内目标不能太高，这样更有利于这个产业在国内的发展。”

“石油勘探，没有创新精神不行。美国勘探开发了多年，常规油气产量一直往下掉，但他们实现了页岩气革命，使石油工业焕发了青春。”他说，“我们也是一个崇尚创新的民族，自主创新一定会为石油工业发展增添新的活力。”

只为天边那一抹彩虹

——记中国工程院院士、我国著名石油地质勘探专家邱中建

金振娅 《光明日报》记者

“彩虹呼啸映长空，克拉飞舞耀苍穹。弹指十年无觅处，西气东送迎春风。”诗中的彩虹喻指天然气。把天然气和彩虹联系在一起的，是“找油人”邱中建。中国工程院院士、我国著名石油地质勘探专家邱中建告诉记者，这是他在 1998 年 9 月 17 日，看到塔里木盆地克拉二井呼啸喷涌的天然气时，激动不已，当即吟诵的几句诗。老人从事石油勘探 60 年，先后参加了松辽盆地、渤海湾盆地、近海海域和塔里木盆地等油气勘探，提出了渤海湾复式油气聚集理论等重大科研成果，为我国发现和建设大庆、克拉 2 等一系列大型油气田作出了重要贡献，直接推动了“西气东输”工程的顺利实施。

六十载找油路屡建奇功

60 年，在历史长河中并不算长，但对于新中国的石

油工业史来说，则几近于全部，邱中建就是我国石油工业重要的参与者和见证者。

邱老回忆，石油工业早期实行半军事化的建制，在重点地区和重点环节，经常集中全国范围内的优势力量进行勘探开发，统称石油会战。

从1957年石油系统首批进入松辽平原开展地质调查综合研究开始，一直到大庆油田发现松基3井井位论证、射孔试油、1959年松基3井喷油，他参与了大庆油田发现的全过程。

“当看到松基3井出油，而且是自喷的油时，我们热泪盈眶，激动得拥抱在一起。”邱老说，那是新中国石油工业取得的一个极其重大的成就，时值国庆10周年，故为其取名为“大庆”。

在采访过程中，“坚持”成为八旬邱老说出的高频词，他认为成功只会降临到那些锲而不舍的人们身上。

的确，无论遇到怎样的困难，邱老都坚持到底。在松基3井井位讨论出现争议时，他没有放弃，坚持与同志们集思广益，经多次论证，代表石油部签订了井位布置意见；在塔里木盆地北部库车坳陷，勘探经历了严重挫折，他也没有放弃，终于发现了克拉2号大型气田，奠定了“西气东输”的资源基础。

在对外合作中不保守不盲从

在改革开放初期，邱中建开始转战海洋石油领域，而且一干就是8年。

这是一个全新的领域，邱老抓紧一切时机向国外石油公司学习，首次运用国外油气资源评价方法和流程，对珠江口盆地、辽东湾地区进行评价；与国外公司合作，相继发现了流花、惠州、绥州和锦州等一批大中型油田。

但是，对外合作远没有想象的那么顺利，一些人的思想出现了障碍，甚至为此引发了“爱国主义”和“卖国主义”的争论。

事实证明，在当时处于缺技术、缺人才和缺资金的情况下，进行海洋石油对外合作是明智的。“我是无私者无畏，坚持和国外石油公司合作，我们从中学到了诸如勘探理念、先进技术和管理模式等很多知识。”邱老认为，合作是正确的，是爱国的表现。

和国外石油公司合作，敢于直言的邱中建并非一味盲从，他总是在一些关键时候提出独特见解，并因此赢得了外方的尊重。

老骥伏枥　为推动能源结构的战略性改变不懈努力

眼前的邱老虽然退出石油勘探一线，但是，已是耄耋之年的他，并没有停止找油气的步伐，而是从一线转入了后方决策支持研究。

2003 年 5 月 26 日，中国工程院组织开展了“中国可持续发展油气资源战略研究”工作，邱中建等院士作为课题组副组长协助侯祥麟院士组织相关单位 120 名专家，进行了深入调查研究。

历时一年，他们终于完成了综合研究报告《中国可持续发展油气资源战略研究》。

不仅如此，邱老还有了更新的想法，他认为，我国的核能、天然气和水能将来一定能成为三个支柱性行业，都占到总能源消费的10%左右，这样，煤炭的比重就可以从目前的70%下降到50%左右。邱老认为，这一设想2020年左右就可以做到，那时天然气将作为改善能源结构的生力军，节能减排的压力必然会减轻很多。

对邱老而言，探索的脚步是不能停歇的，看到依然像彩虹一样美丽喷薄而出的天然气，邱老动情地对记者说："如果有来生，我还会选择找油这条路，永不后悔！"

脑里有油的找油人

董碧娟 《经济日报》记者

1998 年 9 月 17 日，是邱中建永难忘怀的日子。那天，沙漠的夜色下，位于塔里木盆地库车坳陷北部克拉苏构造带的克拉 2 井呼啸喷涌的天然气，飞舞而上，犹如瞬时出现的彩虹一般，让在场的所有人热血沸腾！

“彩虹呼啸映长空，克拉飞舞耀苍穹。弹指十年无觅处，西气东送迎春风！”已经在塔里木奋战 10 年的邱中建将激情化作滚烫的诗句。这个经历了数次失败终于发现的大型气田，奠定了“西气东输”的资源基础，获得了 2001 年度国家科技进步一等奖，邱中建是获奖者之一。

让邱中建至今难忘的美丽“彩虹”，折射着石油人的心路。在石油勘探道路上，技术攻关中难以想象的艰苦犹如漫漫长夜，长时间的坚守只为成功一刻的绚烂。正因为如此，对邱中建来说，没有比这“彩虹”更动人心魄的美景。

60年，在沙漠里，在山地间，在草原上，在大海上，一个矫健的身影，带着无悔激情，追寻石油人最美的“彩虹”……

兴趣沉淀为激情

一个地质学家只有脑袋里有油，才能找到油。找油，要有兴趣，要有激情。

“同学们，你们看石头怎么看的？是一堆一堆的？还是一块一块的？这都不对，石头应该是一层一层的。”20世纪50年代，在重庆大学一堂普通地质学课堂上，刘祖彝教授的这段话让刚就读地质专业的邱中建回味良久。下课后，他急忙跑到校园附近的嘉陵江边一看，果然是一层砂岩、一层泥岩平行叠置在一起，与原来的印象迥然不同。“这就是我进入地球科学这个大殿堂的启蒙教育，现在回想起来还兴奋不已。”邱中建说。

这堂启蒙课后，兴趣的种子在邱中建心中深深埋种。大学毕业后，邱中建参加了潮水盆地、祁连山东段及鄂尔多斯北部的地质研究工作。1957年，西安石油地调处组建松辽平原地质专题研究队116队，24岁的邱中建被任命为队长兼地质师，去实地了解松辽平原油气远景状况。东北的雨季，野外道路泥泞湿滑，连行走都非常艰难，邱中建和队友们还得十分专注地观察剖面，背负标本。入夜，在农家村舍的炕头上点着煤油灯整理资料时，蚊子、臭虫一齐袭来，不是一般人能承受的艰苦。在这种环境下，没有兴趣和激情，是很难支撑的。“我始终坚信，一个地质学家只有脑袋里有油，才能找到油。找油，要有兴趣，要有激情。”邱中建感慨地说。

经过一年努力，邱中建和队友们得出结论，松辽平原石油地质条件优越，是一个含油远景极有希望的地区，应尽快加大勘探工作，尽早进行基准井钻探，并提出可供选择的基准井井位，其中一个井位就位于大庆油田南部葡萄花构造上。

1958 年，原石油部在松辽平原成立了松辽石油勘探局，勘探力量迅速壮大。在打松基 3 井的时候，出现了比较大的意见分歧。经过在松辽平原共同工作的石油、地质两大系统的技术人员反复讨论和协商，最后决定钻在大同镇长垣高台子构造上。大协作的产物不负众望，这口井发现油砂后，赵声振和邱中建等工程师被派往松基 3 井蹲点，承担试油射孔任务。在井场工作的 4 个多月里，他们与钻井工人同吃、同住、同劳动，参与了固井试油的全过程。当他们用提捞的方法把井筒里的清水捞干并全部替换成油柱时，松基 3 井喷油了！“作为找油人能亲自看到油井出油，而且是能自喷的，实在是太高兴了！”邱中建与同事们热泪盈眶，为大庆油田的诞生而沸腾！

大庆会战后，邱中建又参加了胜利石油会战和四川石油会战，这个脑袋里时刻装着石油的找油人，也在这一次次会战中，将最初启蒙教育埋下的兴趣一点点地沉淀为如火的激情。这激情，在邱中建 60 年的找油道路上从没有熄灭过。

最具挑战的 10 年

每个人都有自己的机遇，但成功的机遇往往降临在那些锲而不舍、勤奋探索的人们身上。

1989 年到 1999 年，邱中建参加了对自己最具挑战的一次会战——塔里木石油会战。“这块神奇的土地总是带给我不断的兴奋和不断的困惑。”邱中建回忆说，“盆地的内部黄沙一片，沙丘高差达二三百米，盆地边缘高山陡峻，地下地质结构复杂，油层埋藏深度极大，到处都是勘探的禁区。”当他们在塔克拉玛干沙漠腹地打下第一口成功的预探井时，所有人为之雀跃。可接下来打出的全是干井，这又让他们陷入深深的困惑和迷茫。1993 年，随着相应技术条件逐渐成熟，他们满怀信心，再战库车。

挑战依旧没有减少。库车地区的地下不仅有很多大断层，还有一层塑性很强的盐层，厚的有几千米，薄的只有几十米。到后来他们才明白，真正有价值的构造全在盐下。打东秋 5 井时，花了 1 亿多元，可当最后钻井艰难打成时，出来的却只有水。失败了数口井，让一些人产生了质疑，还出现了放弃的声音，这让决策者邱中建压力重重。作为一个身经百战的勘探专家，科研的理性迅速压制了情绪的纷扰。井要打成，必须要有更系统和更有针对性的综合研究和技术攻关！于是，邱中建和同事们通过连续的山地地震，复杂地层深井钻探高压深井试气、构造成因模式的攻关等，终于发现了大面积的天然气富集区和克拉2号大型气田。

邱中建说："我这一生有个体会，那就是每个人都有自己的机遇，但成功的机遇往往降临在那些锲而不舍、勤奋探索的人们身上。"1993年，在邱中建的组织领导下，工程人员仅用两年时间就攻克了一系列世界级难题，修建了纵贯塔克拉玛干大沙漠全长522公里的流动性沙漠公路，使塔中油田群的油气得到利用，也成为了南疆各族人民的幸福路。

在塔里木的10年，挑战不仅仅来自技术攻关的艰难。"做石油地质勘探工作，往往要克服'三燥'，一是空气干燥，二是工作枯燥，三是心情烦躁。"邱中建笑着说，"在人烟稀少的工作环境下，有时见个小老鼠都觉得很难得。"克服孤寂的最好办法，就是将全部注意力放到科研上，坚持，改变，再坚持，以至于到最后，用邱中建自己的话来说，"已经被岁月洗刷得没有爱好"。

1990年后，邱中建的老母亲卧床不起。母亲临终前，邱中建恰巧从塔里木赶回办事，得以与母亲见上最后一面。"到临终，母亲头脑都很清醒，她知道我在做什么，理解我的工作。"邱中建说，"人就是这样，不能兼顾。"工作任务艰巨而急迫，邱中建无法像一个普通儿子一样守在母亲的病床前。他压抑着巨大的矛盾和痛苦，掩面含泪，再次奔赴塔里木……

当克拉2井喷射出夺目的彩虹时，只有邱中建自己知道，这份绚烂中蕴含了多少深厚的内容。

无私者无畏

一个人因为无私，才能无畏。一定要勇于实践，坚持实践第一，不能怕失败。

“我是外向型的人，藏不住话。”邱中建笑着说。敢于直言，是邱中建骨子里的东西。1956 年至 1957 年，还是青年技术员的邱中建连续在《石油工业通讯》上发表了《关于石油及天然气勘探程序的商榷》及《再谈勘探程序》两篇论文，大胆指出当时苏联专家提倡的石油勘探程序的缺点，并提出自己的见解。这两篇论文立刻引发了全国石油勘探界一场历时半年的大讨论，这些讨论意见促使形成了我国实行油气区域综合勘探的原始模型，推动了我国石油天然气勘探程序的改进，加速了油气勘探的进程。

这种直言的无畏，来自于专注科研的无私之心。在邱中建看来，一个人因为无私，才能无畏。科研上的事，只要有理有据、有实践支撑，就完全可以充满底气地表达出来，又何来畏惧呢？1979 年至 1985 年，在我国海上石油工业全面对外开放的背景下，邱中建系统学习和考察了国外油气资源评价过程，组织并参与了珠江口盆地资源评价并完成总结，为我国海洋石油首次对外合作取得成功作出重大贡献。

对外合作，尤其是资源上的对外合作，当时曾在人们中产生了“爱国主义”和“卖国主义”的争论。但在人才、技术、资金都缺少的情况下，对外合作是必然且明智的。“海上石油的合作勘探开发是很成功的，是我国走向世界的一个非常成功的例子。”邱中建再次直言不讳，“封闭的民族是没有学问的，自主创新和开放合作相辅相成。”

“实践第一”是邱中建长期以来奉行的准则。他说，“一定要勇于实践，坚持实践第一，不能怕失败”。最近10年，邱中建将实践转向了后方决策支持研究。2003年，中国工程院组织开展“中国可持续发展油气资源战略研究”。邱中建等院士作为课题组副组长，协助侯祥麟院士组织120名专家学者进行了深入的调查研究和论证，形成了《中国可持续发展油气资源战略研究》报告。

邱中建认为，我国原油对外依存度的不断攀升，决定我们要对能源供应和消费两侧加强管理，不能只管供应不管消费。此外，核能、天然气和水能是我国能源的“三驾马车”，这3种能源必须成为3个支柱性行业，都可以分别占到总能源结构的10%以上。

“目前，我国天然气的发展状态相当于当年发现大庆油田的阶段，有巨大的潜力。我国的非常规天然气资源也十分丰富。”邱中建说，“就页岩气来说，前途非常光明，但当前我们要做好非常扎实的准备工作。”

回顾60年石油地质勘探工作，邱中建发自肺腑地说，“我对能从事石油地质工作60年，感到非常幸运，非常充实。如果有来生，我还会选择找油这条路，永不后悔”！

采访感言

一个纯粹的石油人

7月24日上午8时许，一位精神矍铄的老人来到采访现场。坐定后，邱院士向记者投来和善的目光。机会难得，我向邱院士提出拍照要求，80岁高龄的邱院士爽快答应，并立即起身配合。拍完照后，我连连致谢。“不用谢，应该谢谢你们！”邱院士简洁回应。

采访中，邱院士回答每一个问题时，同样都十分简洁、清晰，直击要点。长年野外工作的艰苦，在希望与失败中煎熬的科研攻关，油井喷油时挥泪相拥的激动等经历，都被邱院士描述得十分简洁，几乎很少用形容词和感叹语。可那实在是波澜壮阔的人生，辉煌卓著的成就啊！

仔细一悟，这不正是石油人的纯粹吗？他将和善温厚敛藏在干脆利落的行动中；他回答问题就像确认井位般精确有力；他将石油喷洒般的激情深埋在沙漠、山间和大海的找油路上。

为石油事业奋斗了60载，也被石油事业塑造了60载，他身上这种纯粹的石油人品质，是对60年辛勤找油路最有力的证实，最生动的描述。这位纯粹的石油人，以他无悔的激情，再次向我们证明，只有荒凉的沙漠，没有荒凉的人生。

邱中建：我一生就三个字——探油气

韩秀　中央人民广播电台记者

1998 年 9 月 17 日，在夜色降临的时候，克拉 2 号井呼啸喷涌出天然气。在夕阳下，邱中建欣喜地看到，五颜六色的天然气像彩虹一样美丽。为了这条彩虹，塔里木石油勘探征战整整十年。

塔里木石油会战是邱中建参加的最后一次会战。

“我们一开始定了三口井，打的非常艰苦。因为那个地方是崇山峻岭，实际上相当于禁区。它这个地下有一层盐，这个盐一会儿厚一会儿薄，影响地下的构造，怎么找都找不到。”

勘探队耗时两年多，花费一亿多人民币打成了东秋 3 号井，却在完成那一刻，发现这井里只有水。是坚持还是放弃，作为决策者的邱中建备受煎熬。

“克拉 2 气田最终发现了。这中间要是没有决心，没有科技进步，我认为这个气田是找不到的。”

正是这条升腾在克拉 2 气田上的“彩虹”，奠定了“西气东输”的资源基础，克拉 2 气田荣获 2001 年国家科技进步一等奖。

邱中建：一生找油终不悔

刘垠　《科技日报》记者

“我这个人看不出多大的亮点。我的一生可以概括为两个字‘找油’，三个字‘找油气’。”7月24日，中国工程院218会议室，年逾八旬的邱中建院士如是总结六十载找油路。

作为新中国石油工业的开拓者，邱中建60年的油气勘探生涯和新中国石油工业的重大历程和转折几近重合。大庆油田会战、胜利石油会战、四川油气田会战、海洋石油勘探、塔里木石油会战，他的勘探生涯几乎没离开过会战。

“我对找油很感兴趣，因为有层出不穷的新情况等待探索。”从陆地到海洋再到沙漠的找油轨迹中，邱中建谨记前辈教诲：一个人脑袋里没油，肯定是找不到油的。坚持和激情，则是他在找油路上“越找越有兴趣”的秘诀。

情牵祖国投身地质

“小时候，我印象最深的就是抗战。”邱中建回忆，由于生病找不到医生，三岁的小弟离开了人世。从南京到重庆的逃难经历，在他脑海中深深烙下了“国耻、挨打和屈辱”的印记。

1950年，高中毕业的邱中建考入西南工业专科学校化工科，但他并不喜欢这个专业。重庆大学校园张贴的一张海报改变了他的一生：重大地质系受石油总局委托要办一个石油地质专业，这一专业不仅是国家急需，而且能游历祖国的名山大川。“名山大川对我太有吸引力了。几次坐船经过长江三峡时，望着两岸不断移动的山峰，心中总有无限遐想。”

真正改变邱中建对地球科学的理解，是考取地质系后刘祖彝教授讲授的一堂普通地质学专业课。他问我们怎么看石头，有人说是一堆一堆，有人说是一块一块的。“这都不对，石头应该是一层一层的。你们经常在地面上看到煤矿，其实我们重大也有煤，就在我们脚下1000多米的深处。”刘祖彝一番话激起了邱中建的求知欲，下课后赶忙跑到校园附近的嘉陵江边求证。“果然是一层砂岩、一层泥岩平行叠置在一起，这和我原来的印象完全不一样。”回想起这段启蒙教育，邱中建依然很兴奋。

1956—1957年，邱中建在《石油工业通讯》上连续发表两篇文章，指出当时苏联专家提倡的石油勘探程序中的缺点，并发表自己的见解，由此引发一场全国石油地质界关于勘探程序与对策的大讨论。

“苏联确实教会我们很多东西，但有些方法很教条。比如，一口气在同一个地方打五口井。为什么不能把五口井分散到盆地的各个点去打？”

“那时我才24岁，搞不好要当右派的。”邱中建笑言自己是漏网之鱼，“我这人藏不住话，一个人无私可能就会无畏。”

1957年，邱中建被任命为新组建的松辽平原地质专题研究队队长，打前站了解松辽平原油气远景。一年后，他和同事编写的报告指出：松辽盆地是含油远景极有希望的地区，并提出可供选择的基准井井位。此后，邱中建参与大庆油田发现井松基3井井位论证。1959年国庆前夕，松基3井喷油了，大庆油田诞生。

作为大庆油田发现者之一，邱中建于1982年获得国家自然科学一等奖。

最具挑战的塔里木会战

邱中建的勘探年华几乎都与会战有关。大庆会战过后是胜利油田会战，继而是四川气田会战。这一连串会战构成了新中国石油工业发展的节点。

至今，让他印象深刻的还是塔里木石油会战。“这是我参加的最后一次会战，也是我一生中最具挑战性的经历。”说到塔里木，邱中建从椅子上直起身子，动情地描述起那段难忘的岁月。

自1989年起，年近60岁的邱中建在塔里木一干就

是 10 年。“这块神奇的土地，总是带给我不断的兴奋和不断的困惑。”邱中建直言，塔里木地下地质结构比想象中复杂得多，到处都堪称为勘探的禁区，“不是按常规理论、做法就能找到油的。”

找油路上的艰难险阻并未让邱中建感到沮丧，让他遗憾的是对家人照顾不够。自 1990 年起，年迈的母亲就卧床不起，自己忙于会战却无暇顾及。三年后，母亲无疾而终，享年 96 岁。“母亲心里明白，忠孝不能两全。”每每提及此事，邱中建心存愧疚。

1989 年 10 月，塔中 1 井出油了，而且还是高产井。之后，相继在发现井旁打的两口井全是干井，“这让石油人的心情从波峰降到了波谷，”在邱中建看来是“最痛苦的失败。”

在塔里木盆地，每向前走一步就会遇到一个困难。“找克拉 2 气田费了很大劲。”邱中建告诉记者，当时库车地区地下有很多大断层，更棘手的是下面有一个忽厚忽薄的盐层。开始打的三口井全是空的，每口井花了一个亿、耗时两年。往下干还是就此打住？

身为指挥的邱中建很纠结。井要打得下去，就必须进行系统、有针对性的科技攻关。事实也证明了他当时的决定，通过复杂地层深井钻探、超高压深井试气和构造成因模式的攻关，克拉 2 大型气田于 1998 年呈现在世人面前，为“西气东输”工程奠定了资源基础，并获国家科技进步一等奖。

夕阳西下，克拉 2 井呼啸喷涌的天然气犹如天边彩虹，感慨万千的邱中建不禁作诗留念：彩虹呼啸映长空，克拉飞舞耀苍穹，弹指十年无觅处，西气东送迎春风！

让邱中建记忆犹新的，还有当初组织修建的一条贯穿塔克拉玛干沙漠南北的“生命线”——塔里木沙漠公路。这条长 522 公里的流动性沙漠公路，已然成为南疆人民的幸福路。

心系油气可持续发展

当记者问及邱老有什么爱好时，他的回答颇为风趣：“岁月洗刷的只剩下找油的兴趣了。”

退休后，邱中建从勘探一线转向后方决策研究。2004 年，邱中建等院士协助侯祥麟院士完成了《中国可持续发展油气资源战略研究》。报告建议，2020 年我国的石油消费量应控制在 4.5 亿吨以内。

“现在看来办不到了，今年就已经超了。”忧心可持续发展的邱中建认为，中国的能源结构可以通过“三驾马车”——核能、天然气、水能进行改善。

“如果这三种能源分别占到总能源结构的 10%，石油保持 20% 的比重不变，煤炭的比重就能从 70% 下降到 50% 左右。这在 2020 年左右完全可以做得到。”在邱中建看来，目前我国天然气发展很快，“从常规和非常规天然气资源来看，天然气的产量不久后将超过石油。”

如今，邱中建对中国非常规天然气的发展充满信心，“非常规天然气未来可能成为天然气发展的主力军”。其中，致密气是发展中最现实的部分，有望成为领头羊；

煤气层技术成熟，可大力发展；页岩气前途非常光明，但要扎实推进相关工作，不宜把生产指标定得过高。

“实践是丰富理论的源泉，你不能把事情设想得很完整后再去工作。”邱中建常说勘探就是摸着石头过河，一步一步走出来的。当然，这个走法是极不平凡的，一方面有赖于勘探家的智慧和勇气，另一方面仰仗勘探系列配套技术的不断进步。

“如果有来生，我还会选择找油这条路，永不后悔！”他寄语后人：搞勘探的人要勇于探索，不怕失败，成功终会降临在坚持不懈的人身上。

邱中建：最美风景看不够

陆琦　《中国科学报》记者

“夕阳西下的时候，看见呼啸喷涌的天然气，像天上的彩虹一样，令人心旷神怡、热血沸腾。”

在中国工程院院士邱中建眼中，这是最美的风景，一辈子看不够。

从大庆油田的发现到渤海湾复式油气聚集理论的提出，从推动中国海洋石油工业起步到克拉 2 号大气田的发现，而今他正为国家能源战略出谋划策……谈起油气，80 岁高龄的邱中建充满深情。

实践，丰富理论的源泉

油气勘探是一门实践学科，很多找油的先辈正是这样一步一个脚印，脚踏实地地寻找到油气的，邱中建也不例外。

1957 年，24 岁的邱中建被任命为松辽平原地质专题研究队（116 队）队长兼地质师，带队打前站，奔赴松辽盆地开展含油气综合研究及远景评价工作。

松辽盆地有没有油？按照经典的海相地层才能生成大量油气的石油地质理论，确实让人悲观。海相地层埋藏太深和构造运动较为频繁的中国，是科学判定的“贫油国”。

老一辈地质学家翁文波、张文佑、谢家荣、李四光、黄汲清等都提出过陆相地层能生油的理论，但都认为这些地方仅能生成少量的油。直到 1957 年，潘钟祥发表文章提出陆相地层不仅能生油，而且能生成大量油的理论。

客观地看，松辽盆地是海相地层还是陆相地层，没有影响邱中建和他带领的 116 队。这里有没有油，他们必须给出一个清晰的判定。

邱中建回忆，东北的雨季，野外道路泥泞，不便行走，他们背负标本，徒步赶路；入夜在老乡家整理资料，蚊子、臭虫一齐袭来。

虽然辛苦，但收获很大。“我们真正观察到全国一流的生油层和储集层在松辽平原广泛存在。”经过一年的努力，邱中建在其执笔的《116 地质研究队年度总结报告》中指出，松辽盆地是一个含油远景非常好的地区，应尽快加大勘探工作，尽早进行基准井钻探。

而真正确定基准井，面临的情况非常复杂。邱中建清楚记得，打基准井时，尤其钻探松基 3 井时，分歧较大。

后来，经过原地质部物探资料的多轮研究和原石油部、原地质部两大系统技术人员的反复讨论协商，最后决定钻在大同镇长垣高台子构造上。这里成为了大庆油田的发现井。

松基3井发现油砂以后，赵声振、邱中建、蒋学明三人组成的原石油部工作组被派往松基3井现场蹲点，承担射孔试油工作。在井场工作了四个多月，他们与钻井工人同吃、同住、同劳动。

1959年9月26日，国庆10周年前四天，松基3井喷油了，“大庆油田”诞生了。那一刻，邱中建与同事们热泪盈眶，激动地拥抱在一起。

大庆油田发现后，相继找到的胜利、大港、辽河三大油田等，都证明了“陆相地层不仅能生油，而且能生成大量的油”。而作为发现大庆油田的功臣之一，邱中建是中国陆相生油理论的杰出践行者。

参与发现大庆油田的地球科学工作，仅仅是邱中建勘探之路的开头。随后他到胜利，再到四川，直接参与发现或评价了胜坨和威远等油气田，连续打了十年“石油大会战”。

求真，对科学的尊重

科学家必须内心执着和坚持真相，这是对科学的尊重，也是对科学家尊严的最好诠释。邱中建就是这样一位执着于真理的科学家。

1956年至1957年，邱中建连续在《石油工业通讯》上发表了两篇文章，指出当时苏联专家提倡的石油勘探程序中的缺点，并提出自己的见解，引起一场全国石油地质界关于勘探程序与对策的大讨论。后续的一些重要讨论意见逐步形成我国实行油气区域综合勘探的原始模式。

1972年，邱中建从五七干校回到北京，继续进行他朝思暮想的石油勘探研究工作。此时，渤海湾盆地勘探评价进展缓慢，在有些区块探井甚至比开发井还多，但仍然不得要领。时任石油勘探研究院渤海湾盆地研究组组长的邱中建，带领团队重点解剖了渤海湾盆地5个典型断裂构造带，首次系统提出了渤海湾复式油气聚集理论，补充和丰富了只重视断层断块的勘探理念，使勘探工作进入面向全局、面向整体的新阶段。

20世纪80年代初，面对“卖资源就是卖国主义”的质疑，邱中建仍坚持系统学习和考察国外油气资源评价过程，组织并参与了珠江口盆地资源评价，为我国海洋石油首次对外合作取得成功作出重大贡献；通过合作，相继发现了流花、惠州等一批大中型油田。

在此基础上，邱中建、龚再升等系统总结的资源评价方法迅速在我国传播并得到推广应用。之后，他们还在辽东湾组织自营勘探，发现了绥中、锦州等一批大中型油田。

邱中建坚信：“我们是一个崇尚创新的民族，自主创新一定会为石油工业的发展增添新的活力。”

激情，60年坚持的动力

用一个甲子的岁月为祖国找油，是邱中建一生的梦想。

以塔里木石油会战为例，科学家走一步就碰到一个困难，遇到的都是全新的课题。“没有激情是做不

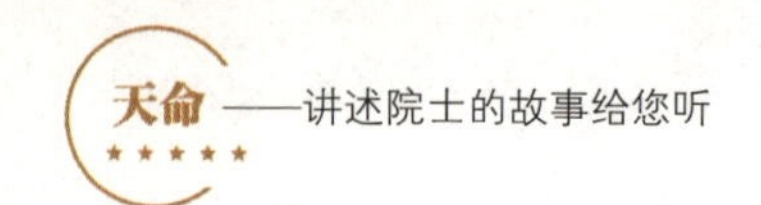

到的。”

邱中建清晰地记得，在塔里木盆地北部库车坳陷，他们经历了多次挫折。

“打成克拉2井、发现克拉气田，是失败了好几口井之后发生的事。”邱中建回忆说，“其中一口是东秋5井，打了两年，花了1亿多元。打得极不顺利，最后钻井艰难打成，结果打出来的只有水。”

不过，皇天不负有心人。在邱中建和同事们的努力下，终于发现了大面积的天然气富集区和克拉2号大型气田，奠定了“西气东输”的资源基础。

值得一提的是，克拉2号大型气田发现后，根据该气田形成时间较晚、受喜马拉雅晚期构造运动影响很大的特点，邱中建通过与中国海洋石油总公司的同志交流，提出在中国的广大地区应该重视类似的“晚期成藏”问题，对后续勘探产生重要影响。

半个多世纪以来，邱中建为中国石油工业的发展孜孜以求。

如今，退出一线的邱中建并没有停止找油气的步伐。他从勘探开发前线转入后方决策支持研究，积极参与国家能源发展战略咨询，为国家能源规划和政策制定提出了一系列参考和决策建议。

“简单概括这一生，两个字是‘找油’，三个字就是‘找油气’。”邱中建坚定地说，“如果有来生，我还会选择找油这条路，永不后悔。”

中国工程院院士谭靖夷 / 陈益安■摄

郭红松■绘

谭靖夷

谭靖夷（1921.11.6—）水利水电工程施工专家。湖南省衡阳县人。1946 年毕业于交通大学唐山工学院获学士学位。长期从事水利水电工程建设。主持建成大坝 8 座，水电站总装机容量 163 万千瓦，灌溉农田 150 万亩。其中广东流溪河拱坝、贵州乌江渡拱型重力坝和湖南东江拱坝均以质量优良著称。在坝址岩溶强烈、坝高 165 米的乌江渡工程中，首创了有中国特色的高压灌浆技术，取得突出成效，并在全国推广，为岩溶发育地区兴建高坝大库开辟了道路。因负责在岩溶狭谷地区建设乌江渡水电站项目，获 1985 年国家科技进步一等奖。1997 年当选为中国工程院院士。

耄年吟

得展平生志，工成利在民。百年争旦夕，万木喜逢春。

谭靖夷

二〇一三年八月

参建八十座水电大坝

——九十二岁院士谭靖夷

喻思娈　《人民日报》记者

“我从小就在农村长大，不喜欢看高楼大厦，就喜欢看山看水。”谈起为何投身水利水电事业，92 岁的谭靖夷院士的回答几乎是脱口而出。

谭靖夷，这位从业 60 余年的水电工程专家，足迹踏遍了祖国的江河湖川。他亲自参与建设和技术咨询的水电大坝有 80 余座，被誉为“从江河里走来的院士”。

平生志在治山川

“靖夷”一词，取自《诗经·大雅》：“实靖夷我邦”。当年取这个名字，是谭靖夷父亲希望他将来能为多灾多难的祖国效力。

1941 年，谭靖夷被保送到交通大学唐山工学院（今西南交通大学）土木工程系就读。大学毕业时，他受孙中山先生在建国大纲中提出的要在长江三峡建一座 600

万千瓦水电站宏伟构想的鼓舞，毅然投身了水电事业，当时班上大多数同学选择了待遇优厚的铁路工程。

谭靖夷与水电工程建设结下不解之缘，是从古田溪电站开始。

1948 年 10 月，谭靖夷和一批技术骨干奉调到福建古田，参加古田溪一级水电站的筹建工作。新中国成立后，出于国防需要，古田溪一级水电站要变更设计，北京水电勘测设计院感到力量不足，便从古田溪工程处借调 60 余名技术人员到北京，谭靖夷就在其中。一年后，首期设计任务圆满完成，水电总局决定将这 60 余人全部留下。

听到消息，古田溪工程处梁东初书记赶到北京：“别人都可以留，但谭靖夷得回古田。”走？留？双方意见难以统一，只等谭靖夷做选择了。最终，他决定回到古田溪，从此就再没离开过施工一线。

在 60 多年的从业生涯中，福建古田溪、广东流溪河、湖南柘溪、贵州乌江渡、湖南东江等大中型水电站以及湖南韶山灌区、欧阳海灌区、桃江水库等水利工程都留下了谭老的名字。

谭老笑称，自己与中国共产党一年“出生”，有着不解之缘，但由于地主家庭出身，多年被阻挡在党的大门之外。改革开放后，年逾花甲的谭老终于如愿以偿，被批准加入中国共产党。

“平生志在治山川，闽粤湘黔不计年。何惜青春成白发，喜看水电展新篇。惊涛恶浪犹萦梦，高峡平湖别有天。四化征途堪再战，丹心捧向红旗前。”入党当夜，谭老激动地写下这首《六十一岁入党书怀》。

世间之事怕“认真”

“世间之事，就怕‘认真’二字。”谭靖夷常说。

1956年开工建设的广东流溪河电站，大坝坝高78米，是我国第一座自行设计与施工的混凝土双曲拱坝，也是谭老一生中最满意的一座坝。

为了保证工程质量，时任总工程师的谭靖夷下达了施工的严格军令：拱坝模板安装误差不得超过5毫米。有一次，因模板在浇筑过程中变形超出要求，混凝土出现了几个平方米的麻面蜂窝，谭靖夷责令大坝工区主任和主任工程师在职工大会上深刻检查。有人质疑是否小题大做，谭靖夷却表示“千里之堤，溃于蚁穴”，工程质量来不得半点马虎。

有一次，一位日本水电专家到流溪河电站参观，他根据以往经验，估计坝内灌浆廊道会有渗漏积水，进廊道前要求换上高筒雨鞋。可是到了现场发现整个廊道是干的，只有一个灌浆孔孔口稍有湿印。他当即竖起大拇指：“中国人创造了奇迹！”

认真、严谨并不意味着刻板，相反，谭老总能创造性地解决一些难题。乌江渡水电站是我国在岩溶地区建设的第一座高拱形重力坝，当时普遍认为，岩溶地区是建高坝大库的禁区。

通过勘测、设计、施工各方面专业人员的长期努力，在探明岩溶分布规律的基础上，谭靖夷提出了重点挖填、全面灌浆的综合岩溶处理方案，首创了一套具有中国特色的高压灌浆工艺，攻克岩溶夹泥地层高压灌浆的技术难关。

1985年，谭靖夷作为"在岩溶峡谷地区建设乌江渡水电站"项目主要负责人，获得了当年国家科技进步一等奖。而让他更自豪的是：乌江渡大坝从1980年开始蓄水，至今已超过30年，一昼夜渗漏量仅30 ~ 40立方米。

德艺双馨为师严

水电八局总经理朱素华坦言，自己很"怕"谭靖夷，因为他对工作、对工程有着近乎完美无瑕的要求，稍有差错，就会受到毫不留情的批评。

虽然"怕"，但朱素华又喜欢听到谭老的意见和建议。"施工项目得到谭老认可后，就像吃了一颗定心丸。"他说。

艺精德高。在水电八局，谭靖夷是一代代青年人的学习榜样。他常常告诫年轻人，做技术的，来不得一点虚假，要踏踏实实做好工程每一步。

从施工一线到退休，谭老都保持着亲力亲为、平易近人的行事作风。他受邀做咨询，从来不带秘书，都是一个人去机场，买了票就走。90多岁时，谭靖夷仍坚持到工地亲自查看施工情况，解决具体问题。

从总工程师岗位退下来后，从1990年到2010年的20年间，谭靖夷从事水力发电工程技术咨询的时间仍高达3213天，平均每年160.6天，至今仍未停止。

谭老告诉记者，现在自己坚持每天5点起床锻炼，午休后读报纸了解国内动态，增加知识。他希望在有生之年，保持健康的身体和充沛的精力，继续为国家做贡献，继续用劳动和汗水为祖国添砖加瓦。

谭靖夷院士：平生志在治山川

史卫燕　新华社记者

一生参与修筑的80座各类水电工程，没有一个出现安全事故，不少大坝至今仍散发着他个人的“青春光芒”；成为中国工程院院士，仍不顾高龄和危险，坚持下到70多米深的坝底查看实情；一生足迹踏遍祖国的江河湖川，被业内尊称为“筑坝专家”，却低调得连名字都很少为公众所知。

这位“从江河里走来的院士”，就是中国水电八局原总工程师谭靖夷。

“水电施工方面的技术问题，没有谭靖夷解决不了的。”已故中国工程院院士、原水电部总工程师李鹗鼎这样评价他。

1921年，谭靖夷出生在湖南衡阳。大学选择土木工程专业的他立志从事水电事业。新中国成立前夕，谭靖夷和一批技术骨干奉调去福建古田，参加古田溪一级水

电站的筹建工作。从古田溪电站开始，谭靖夷就再也没有离开过施工一线，与水电工程建设结下不解之缘。

古田溪一级水电站一期工程建成发电后，1956 年 5 月，未满 35 岁的谭靖夷又随施工队伍转战岭南，参加广东流溪河水电站建设，并被破格提拔为该工程的总工程师。流溪河电站大坝是我国第一座自行设计与施工的混凝土双曲拱坝。当时我国施工经验极为缺乏。谭靖夷参考国外工程建设经验，在我国首次采用了人工粗骨料、混凝土拌和加冰、坝内埋冷却水管、光面爆破技术等一系列技术措施。该工程 1958 年 8 月发电，一位前来参观的日本水电专家曾估计坝内灌浆廊道会有渗漏积水，于是进廊道前要求换上高筒雨鞋。可是到了廊道里，发现整个廊道都是干的，他惊讶不已，竖起大拇指连连称赞："中国人创造了奇迹！"

1969 年 3 月，文革被下放到木工班劳动的谭靖夷转战贵州，参与乌江渡水电站建设。该水电站建在一个"V"形峡谷中，坝高 165 米，总库容约 23 亿立方米，是我国在岩溶地区建设的第一座高拱形重力坝，这类地质条件，当时在国内外都被视为建高坝大库的禁区。

为解决岩溶夹泥地层灌浆的技术难题，谭靖夷与相关工程技术人员经过长达 40 个月的攻关，首创了一套具有中国特色的"高压灌浆"工艺。自 1980 年蓄水至今，大坝服务已超 30 年，每昼夜渗漏量仅为 30 ~ 40 立方米水，且长期稳定。1985 年，谭靖夷参加在瑞士召开的国际大坝会议谈到大坝的渗漏水量，几位外国专家表示怀疑，问他是不是把小数点标错了，他们认为这么小的渗漏量是不可能的。

乌江渡工程的成功，为在岩溶地区建设高坝开辟了道路。谭靖夷本人作为项目主要负责人，1985 年获得了国家科技进步一等奖。

1982 年 12 月，谭靖夷从贵州返回湖南，参加东江水电站建设。东江水电站大坝的建成标志着中国拱坝建设进入成熟时期。

1989 年，谭靖夷从水电八局总工程师岗位上退了下来，仍心系水电事业。国内大多数大型水利水电工程建设，他都参与过技术咨询，帮助解决许多重大工程技术难题。

岷江支流上的沙牌水电站位于汶川县城与映秀镇之间，最大坝高 132 米。2008 年汶川大地震发生时，这座当时“世界最高碾压混凝土拱坝”正以高水位运行，却奇迹般经受住山崩地裂的考验。尽管大坝旁边一座小亭子不翼而飞，下游两公里的自然边坡全部垮塌，大坝自身却岿然不动，结构和坝体表面完好无损，被称为汶川大地震中最“牛”大坝。它的修建者，正是谭靖夷所在的水电八局。

从 1990 年到 2010 年的二十年间，谭靖夷以 70 到 90 岁高龄从事水力发电工程技术咨询活动，平均每年工作 160.6 天。

今年是建党 92 周年，谭靖夷 92 岁。和中国共产党一起长大的他告诉记者，由于出生“地主”家庭，曾多年被挡在党的大门之外。直到改革开放后的 1982 年，年

逾花甲终于如愿以偿，被批准加入中国共产党。入党那天，他激动地当夜写下《六十一岁入党书怀》：平生志在治山川，闽粤湘黔不计年；何惜青春成白发，喜看水电展新篇。惊涛骇浪犹萦梦，高峡平湖别有天；四化征途堪再战，丹心捧向红旗前。

如今，谭靖夷依然天天坚持锻炼身体，希望“在有生之年有健康的身体和充沛的精力，继续为国家作贡献”。

从江河里走来的院士

——记中国工程院院士、著名水电工程施工专家谭靖夷

禹爱华　《光明日报》记者

"平生志在治山川，闽粤湘黔不计年。"93 岁高龄的中国工程院院士、水电工程施工专家谭靖夷 30 多年前入党时抒怀远志，至今仍在身体力行。

谭靖夷一生忠诚于祖国的水电事业，他的足迹踏遍了祖国的江河湖川，福建古田溪、广东流溪河、湖南柘溪、贵州乌江渡等大中型水电站的建设以及湖南韶山灌区、欧阳海灌区、桃江水库等水利工程都留下了他的名字。一生中，他亲自参与建设和参与技术咨询的水电大坝有 80 余座，被人誉为"从江河里走来的院士"。

"从古田溪电站开始，我再也不愿意离开施工一线"

1921 年 11 月 6 日，谭靖夷出生在湖南省衡阳的一个小村庄。1938 年，谭靖夷考入湖南省立第一高级中学。1941 年，被保送交通大学唐山工学院（今西南交通大学）

土木工程系学习。毕业后，他选择水电开发事业。

1948 年 10 月，谭靖夷和一批技术骨干奉调去福建古田，参加古田溪一级水电站的筹建工作。1952 年 3 月，古田溪水电站主体工程引水隧洞开工。引水隧洞刚开挖就遇到困难，工程进展缓慢。年轻的谭靖夷和其他技术人员一道，与工人同吃、同住、同劳动，在实践中寻找解决办法。仅仅用了 3 个月，隧洞单头月开挖进尺就提高到 120 米。

1953 年，出于国防需要，古田溪一级水电站进行了设计变更，便从古田溪工程处借调 60 余名技术人员到北京设计院参加设计工作。1 年后，首期设计任务圆满完成，为加强北京设计院力量，水电总局决定将这 60 余人全部留下。

听到消息，古田溪工程处梁东初书记匆匆赶到北京，对北京水电勘测设计院王鲁南院长说："别人都可以留下，但谭靖夷得回古田，不然就从北京院任我挑选 3 位工程师。"双方意见难以统一，最后确定，让谭靖夷自己选择。最终，谭靖夷毅然决定回到古田溪。

谭靖夷说："从古田溪电站开始，我就与水电事业结下了缘分，再也不愿意离开施工一线。"

"流溪河电站拱坝，是我一生中最满意的一座坝"

古田溪一级水电站一期工程建成发电后，1956 年 5 月，谭靖夷又随施工队伍转战岭南，参加广东流溪河水电站建设。当时还未满 35 岁的谭靖夷，被破格提拔为该工程的总工程师。

流溪河电站大坝坝高 78 米，是我国第一座自行设计与施工的混凝土双曲拱坝。谭靖夷参考国外工程建设经验，在我国首次采用了人工粗骨料、混凝土拌和加冰、坝内埋冷却水管等技术措施。

在流溪河工程中，谭靖夷规定拱坝模板安装误差不得超过 5 毫米。有一次，因模板在浇筑过程中变形超出要求，混凝土出现了几个平方米的麻面蜂窝，谭靖夷责令大坝工区主任和主任工程师在工区职工大会上作了深刻检查。有人认为他这是小题大做。谭靖夷却认为“千里之堤，溃于蚁穴”，工程质量来不得半点马虎。他授权工程质检人员：质量可能出现问题时，可现场下达暂时停工令。严格的制度，强化了大家的质量意识，整个工程建设中被暂时停工的情况只发生过一次。

流溪河工程从 1956 年 7 月开工到 1958 年 8 月正式发电，历时仅两年，建成一座拱坝、一条引水隧洞接地下厂房，工程质量优良，施工期全坝无裂缝，坝基灌浆廊道无渗漏。

1989 年、2008 年，谭靖夷曾两次重访流溪河工程，目睹廊道仍然滴水不漏。2008 年，他还要求从坝面取混凝土试件进行试验，结果表明混凝土强度并没有衰减，而是提高了。谭靖夷说：“看到电站几十年后还焕发着青春的光芒，我甚感欣慰。应该说，流溪河电站拱坝是我一生中最满意的一座坝。”

“你们能设计出世界一流的双曲拱坝，我们就能建设出高质量的双曲拱坝”

1982年12月，谭靖夷随施工队伍从贵州返回湖南，参加东江水电站的建设。此时的谭靖夷已经61岁，超过了退休年龄，但水电总局领导仍让他肩负建设东江水电站的技术重任。

一天，谭靖夷陪同时任水电部总工程师的潘家铮参观东江水电站，两位专家谈到东江水电站的设计、施工等种种难题，潘家铮说：“作为设计师，我们完全有信心做好双曲拱坝的设计，问题是施工上能不能保证？”谭靖夷坚定地说：“你们能设计出世界一流的双曲拱坝，我们就能建设出一座最漂亮的高质量的双曲拱坝！”

为了实现这一郑重的承诺，谭靖夷率领工程技术人员进行了一系列的科技攻关。

东江水电站大坝坝高157米，是20世纪80年代我国自行设计施工的最高混凝土双曲薄拱坝，工程质量经国家鉴定达到了优良水平，它的建成标志着中国拱坝建设进入成熟时期。

1989年，谭靖夷从水电八局总工程师岗位上退了下来，但他仍心系水电事业，进取不懈。1997年岁末，他当选为中国工程院院士，这是祖国对他江河生涯不断攀登科技高峰的最高奖赏。

2013年，谭靖夷即将迎来自己93岁的生日。面对记者的采访，谭靖夷以《耄年吟》为题欣然作诗一首：“得展平生志，工成利在民。百年争旦夕，万木喜逢春。”他说：“我希望在有生之年，有健康的身体和充沛的精力，继续为国家作贡献，继续用劳动和汗水为祖国添砖加瓦。”

平生志在治山川

杜铭　《经济日报》记者

“平生志在治山川，闽粤湘黔不计年；何惜青春成白发，喜看水电展新篇。惊涛骇浪犹萦梦，高峡平湖别有天；四化征途堪再战，丹心捧向红旗前。”今年92岁高龄的水利水电工程施工专家、中国工程院院士谭靖夷，在61岁入党的当夜，曾用这样的诗句抒发自己一生的志向和水电情怀。

“我这一生还真和我们党有不解之缘呢！”谭靖夷动情地对记者说，“我一生有几个重要时段，都紧密地联系着中国共产党。1921年，在中国共产党诞生的那一年，我在衡阳出生。1949年，新中国成立的那一年，正在福建古田溪水电站工作的我热切地向党组织递交了入党申请书，虽然当时未能如愿，但那却是我真正走向党的怀抱的第一步。今年是建党92周年，我今年正好92岁。可以说，我是和我们党一起长大的。”

得知记者前来采访，谭老又作了一首《耄年吟》："得展平生志，工成利在民。百年争旦夕，万木喜逢春。"字里行间，饱含着对祖国和人民的深情厚意，以及为国为民鞠躬尽瘁的拳拳之心。

报效国家 结缘水电

我就是喜欢祖国的山山水水。

谭靖夷，这个名字就烙有深深的时代印记。1921 年，出生在湖南衡阳一个小山村里的谭靖夷，被父亲寄予了殷切期盼，希望他"将来能为多灾多难的祖国效劳"。"靖夷"一词，来自《诗经・大雅》：实靖夷我邦。从此，谭靖夷的一生，就与国家、民族的命运紧密相连。

投身水电事业，则是因为 1946 年谭靖夷大学毕业时，当局曾考虑按照孙中山先生在建国大纲中提出的构想，在长江三峡建一座 600 万千瓦的水电站。各大报纸都在宣传三峡工程，谭靖夷深受鼓舞。所以，尽管班上大多数同学选择了待遇优厚的铁路工程，他却毅然选择水电作为一生的事业。这一干就是 67 年。

从古田溪电站开始，谭靖夷就再也没有离开过施工一线，与水电工程建设结下了不解之缘。1952 年 3 月，古田溪水电站主体工程引水隧洞开工。引水隧洞刚开挖就遇到了拦路虎——硬似钢铁的流纹岩，工程进展缓慢，而从有关隧洞开挖专著上也难以找到现成答案。年轻的谭靖夷和其他技术人员一道，与工人同吃、同住、同劳动，在实践中寻找解决办法。每次钻孔爆破后，他们都钻进隧洞实测钻孔爆破具体数据，晚饭后又和工人师傅聚在一起研究，不断修改钻孔和爆破方案。仅用了3个月，隧洞单头月开挖进尺就提高到120米。

直到今天，他依然坚持到工地下现场亲自查看施工情况，直接和一线员工交流，解决具体问题，而不是坐在办公室里听汇报。他经常是一个山头接着一个山头地跑，不到一线工地不罢休，再困难再危险也拦不住他。尽管早已退休，从1990年到2010年的20年间，他依然以高龄之身从事水力发电工程技术咨询活动，时间长达3213天，平均每年160.6天，至今也未停止外出活动。

谭靖夷也曾多次有机会调到北京。在农村长大的他，声称自己就是喜欢祖国的山山水水，而不是大城市的钢筋水泥森林。他放弃了大城市的优裕生活，毅然决然地选择了条件艰苦的水电工地，选择了把自己的青春和汗水洒遍祖国大江南北。

追求完美 一丝不苟

千里之堤，溃于蚁穴，工程质量来不得半点马虎。

中国水利水电第八工程局有限公司总经理朱素华，自称是谭老的“徒孙”辈，他们对谭老是既尊敬又害怕。因为谭老总是一丝不苟，对工作极其认真，每一项数据都问得很细，经常问得他们答不上来。他在工地考察，对于工程关键部位，条件再艰难也要亲自去察看。每次看到施工过程出现不符合要求的地方，他都会提出严肃批评。特别是对三峡、溪洛渡这样的巨型工程建设，他提出了“完美无缺、无疵可求”的质量要求，严把质量关。这种精益求精的态度，贯穿了他的一生。

1956年5月，谭靖夷参加广东流溪河水电站建设。当时，未满35岁的谭靖夷被破格提拔为总工程师。在流溪河工程中，谭靖夷十分重视质量，规定拱坝模板安装误差不得超过5毫米。有一次，因模板在浇筑过程中变形超出要求，混凝土出现了几个平方米的蜂窝麻面，他责令大坝工区主任和主任工程师在工区职工大会上作深刻检查。有人认为这是小题大做，谭靖夷却认定，“千里之堤，溃于蚁穴”，工程质量来不得半点马虎。他授权工程质检人员：质量可能出现问题时，可现场下达暂时停工令。严格的制度，强化了大家的质量意识，整个工程建设中被暂时停工的情况只发生过一次。

流溪河工程从1956年7月开工到1958年8月正式发电，历时仅两年，建成一座拱坝、一条引水隧洞接地下厂房，工程质量优良，施工期全坝无裂缝，坝基灌浆廊道无渗漏。

有一次，一位日本水电专家到流溪河电站参观，根据以往的经验，估计坝内灌浆廊道会有渗漏积水，进廊道前要求换上高筒雨靴。可到了廊道里，他发现整个廊道都是干的，到处寻找，只找到一个灌浆孔孔口稍有湿印。他惊讶不已，竖起大拇指称赞道，“中国人创造了奇迹”！

1989年和2008年，谭靖夷本人也曾两次重访流溪河工程，穿着布鞋走进坝内灌浆廊道，目睹廊道仍然滴水不漏。2008年，他还要求从坝面取混凝土试件进行试验，

结果表明混凝土强度不但没有衰减，反而提高了。谭靖夷说，“看到电站几十年后还焕发着青春的光芒，我甚感欣慰。应该说，流溪河电站拱坝是我一生中最满意的一座坝。”

谭靖夷一生参与修筑过80座各种类型的大坝，亲身打过风钻、放过炮、浇筑过混凝土，并在水电施工技术攻关和创新方面发挥了重要作用，被业内尊称为“筑坝专家”。2008年汶川大地震，震中距离他领导水电八局建设的沙牌水库大坝只有30多公里。山都震塌了，大坝却岿然不动，结构和坝体表面完好无损，被誉为汶川特大地震中最“牛”的大坝。

勇于创新 突破禁区

原来不会干的事，现在会干了；原来干不好的事，现在能干好了，同样也是一种创新、一种进步。

对于自主创新，谭靖夷也有自己的看法。他认为，搞土木工程建设也需要有创新精神：原来不会干的事，现在会干了；原来干不好的事，现在能干好了，同样也是一种创新、一种进步。贵州乌江渡水电站的建设，就体现了谭靖夷宝贵的创新精神，为岩溶地区建设高坝开辟了道路。

乌江渡水电站建在一个“V”形峡谷中，坝高165米，是我国在岩溶地区建设的第一座高拱形重力坝，总库容约23亿立方米，装机63万千瓦。坝址区岩溶发育，探明的溶洞总体积超过8万立方米，断层500多条，甚至在河床以下200米深处还有大型溶洞。这类地质条件，当时在国内外都被视为建高坝大库的禁区。特别是工程开工后，又发现大坝上游作为隔水层的页岩被断层错开，使上下游灰岩形成岩溶通道，更增大了水库防渗工程的难度。水库能否蓄住水？大坝是否稳定？洪水能否安全下泄？成了水电总局和水电部最为担心的三大问题。水电部曾专题报告国务院。时任国务院副总理的李先念批示：工程继续兴建，但要下决心查明地质情况，补做必要的地质勘探工作。为此，可适当放慢工程进度，确保工程安全。

通过勘测、设计、施工各方面专业人员的长期努力，克服种种困难，在探明岩溶分布规律的基础上，提出了重点挖填、全面灌浆的岩溶综合处理方案。为攻克岩溶夹泥地层高压灌浆的技术难关，谭靖夷与相关工程技术人员先后分两个时段，进行了长达40个月的试验和严格检测，终于首创了一套具有中国特色的高压灌浆工艺。

现场检测与室内试验证实，这种工艺使岩溶夹泥在高压水泥浆体多次反复作用下被挤压密实，并被水泥浆体分割包围，完全改变了原来的性状，成为能承受高水头的可靠防渗体。而且便于施工，有利于提高效率降低成本。乌江渡大坝防渗帷幕线总长1175米，防渗面积18.9万平方米，采用上述高压灌浆工艺取得的防渗效果十分显著。

谈到这里，谭靖夷用一组数据印证这一效果：“水库自1980年开始蓄水，至今已超过30年，两岸及河床

坝基每昼夜总渗漏量仍长期保持在40立方米以内，幕后扬压力系数仅为0.1，为国内外所罕见。”

1985年，谭靖夷参加了在瑞士召开的国际大坝会议，并在会上介绍了乌江渡工程防渗帷幕情况。当他谈到乌江渡工程一昼夜仅渗漏30～40立方米水时，几位外国专家表示怀疑，问他是不是把小数点标错了，他们认为这么小的渗水量是不可能的。谭靖夷给予了“数据准确无误”的明确回答。

在乌江渡工程建设中，谭靖夷和他的同事们取得了600多项大小科技成果，其中重大成果20多项。1984年，乌江渡工程获得了国家优质工程银质奖。1985年，谭靖夷作为《在岩溶峡谷地区建设乌江渡水电站》项目的主要负责人，获得了国家科技进步一等奖。

1997年岁末，他当选为中国工程院院士，这是祖国对他江河生涯不断攀登科技高峰的最高奖赏。已故中国工程院院士、原水电部总工程师李鹗鼎在当年的院士评选会上是这样评价谭靖夷的：水电施工方面的技术问题，没有谭靖夷解决不了的！

2013年，谭靖夷即将跨入93岁。他依然天天坚持锻炼身体，他说，“我希望在有生之年，以健康的身体和充沛的精力继续为国家作贡献，继续用劳动和汗水为祖国添砖加瓦”。

采访感言

从江河走来的院士

连续多日39摄氏度的高温闷热天气，炙烤得8月的长沙像着了火。采访地点在水电八局办公大楼7层的会议室，大楼没有电梯。记者见到水电工程专家、中国工程院院士谭靖夷时，简直不敢相信这是一位92岁高龄的老人。双目炯炯有神的谭老，腰杆挺得笔直，说话中气十足，谈笑间站直了身体、再弯下腰，双手竟可触地，为记者示范他每天一个半小时早锻炼的“自编动作”。他还笑言自己以为是在8楼采访，刚刚一口气爬了8层楼梯。

水电八局的同志告诉我们，谭老视察工地翻山越岭如履平地，很多四五十岁的人都跟不上他的步伐；平时搬着厚厚的一摞资料上下楼更是不在话下，从来不用别人帮忙，也没有秘书。一年中有半年时间跑在水电工程建设工地上的谭老，面对记者惊讶的目光，习惯地挥挥手，干脆利落地说：“要是不能跑，就不要搞水电。”

谭老的这副好身板，可真是跑出来的。在近70年的水电生涯中，谭靖夷的脚步，踏遍了祖国的江河湖川。福建古田溪、广东流溪河、湖南柘溪、贵州乌江渡、湖南东江等大中型水电站的建设，以及湖南韶山灌区、欧阳海灌区、桃江水库等水利工程，都留下了他的名字。一生中，他亲自参与建设和技术咨询的水电大坝有80余座，被誉为“从江河里走来的院士”。

一生无悔治山川
——记年过九旬水电工程专家谭靖夷院士

韩秀　中央人民广播电台记者

1921 年，谭靖夷出生在湖南省衡阳县的一个小山村，1946 年大学毕业，祖国百废待兴，他毅然投身水电事业，在一线，他打过风钻、放过炮、浇筑过混凝土。现在 90 多岁高龄仍然坚持到现场亲自勘察施工情况。

“我为了查找那个混凝土有没有问题，有三天基本上只睡了 4 个小时，把所有的 4 年的资料全部查了一遍，证明是没有问题的。”

水电工程是百年大计，因此谭靖夷对质量的要求十分严格。在流溪河电站大坝建设过程中，有一次混凝土出现了几个平方米的麻面蜂窝，谭靖夷十分生气。

“这个麻面蜂窝，一般来讲是当做一般的缺陷。但是在流溪河不准，不能有麻面蜂窝。就是为了这样的事情，大坝的主任和主任工程师在全工区的职工大会做检查，检讨怎么下一次改进。”

在坝址岩溶强烈、坝高165米的乌江渡工程中，谭靖夷首创了有中国特色的高压灌浆技术。对于创新，谭院士有着独特的理解。

“创新呢，就是原来没有的现在有了，原来不会干的你现在会干了，别人不会干的你会干了，你过去不会干的现在会干了。从发展的观点来讲，这都是创新。”

谭靖夷从业67年，足迹踏遍了祖国的江河湖川，他没有辜负父亲的期望，兢兢业业，无怨无悔。

“我这个人啊，喜欢看山看水。平生志在治山川，山川就是山、水，我这一辈子就搞这个事。”

谭靖夷：山水之间酬大志

贾婧　《科技日报》记者

2013年8月6日，长沙第40天高温无雨，室外温度40摄氏度。

在中国水电八局老办公楼里，一位93岁的老人正在和一群来自北京的年轻记者们一起爬楼。高温下年轻人已经气喘吁吁，而老人并未停歇，一口气爬上位于7楼的会议室，面不改色。这位将年轻人远远甩在后面的老人，正是被称为中国水电集团水电八局“名片”的谭靖夷院士。

此时，他参与设计施工的湘江航电和东江水库，正在开闸放水，加大出库，源源不断给湘江补水，保证了湘江的正常供水，在干旱天气中保证了下游用水。

已经耄耋之年的谭靖夷从业67年来足迹踏遍了祖国的江河湖川，福建古田溪、广东流溪河、湖南柘溪、贵州乌江渡、湖南东江等大中型水电站的建设以及湖南韶山灌区、欧阳海灌区、桃江水库等水利工程都留下了他的名字。亲自参与建设和技术咨询的水电大坝有80余座，被誉为“从江河里走来的院士”，他的故事也和“大坝”紧紧联系在一起。

“我的志向在山水之间”

1921年，谭靖夷出生在湖南省衡阳县的一个小山村，父亲给他取名靖夷。靖夷一词，取自《诗经・大雅》：实靖夷我邦。

1941年，谭靖夷高中毕业时因成绩优秀被保送到已迁至贵州福泉的交通大学唐山工学院（今西南交通大学）土木工程系就读。大学毕业时，抗战胜利尚未满一年，国民党政府当时也曾考虑在长江三峡建一座600万千瓦的水电站。“当时各大报纸都在大力宣传三峡工程。”深受鼓舞的谭靖夷，在班上大多数同学选择了待遇优厚的铁路工程时，毅然选择了水电事业。

1946年，他进入了当时暂设在四川长寿县龙溪河的资源委员会全国水力发电工程总处工作，设计了他生平的第一座大坝——上清渊洞浆砌块石坝，也初识了时任工程总处总工程师张光斗等水电专家。

1948年10月，谭靖夷和一批技术骨干奉命调去福建古田，参加古田溪一级水电站的筹建工作，也正是从古田溪电站开始，他就再也没有离开过施工一线，与水电工程建设结下了不解之缘。

彼时，福建刚刚解放，因为没有施工电源，建设古田溪工程，必须先建一座施工电站为工程建设供电。谭

靖夷承担了这座小电站的主要设计任务。他和少数几个参加设计施工的年轻人，利用附近下游一条小支流的瀑布落差，历时约两年建成了一座坝高6米、设计水头20米、装机容量400千瓦的施工电站。

为了节省水泥和钢材，便于就地取材，谭靖夷等人将电站溢流坝设计为锚固于岩石地基上的A型木架加木面板结构，将引水水管设计为木质带钢箍结构。该电站在古田溪水电站建成后还继续安全运行了几十年，为当地供电。

第一次面临抉择，在1953年。出于国防需要，古田溪一级水电站进行了设计变更，将原设计的地面厂房改为地下厂房，承担电站设计任务的北京水电勘测设计院感到力量不足。

从古田溪工程处借调60余名技术人员到北京设计院参加设计工作。一年后，首期设计任务圆满完成，为加强北京设计院力量，水电总局决定将这60余人全部留下。

听到消息的古田溪工程处梁东初书记匆匆赶到北京，对北京水电勘测设计院王鲁南院长说："别人都可以留下，但谭靖夷得回古田，不然就从北京院任我挑选三位工程师。"

双方意见难以统一，最后确定，让谭靖夷自己选择。"我的志向在山水之间。"不爱钢筋水泥都市的谭靖夷毅然决定回到古田溪。从此，他就再也没有离开过施工一线，与水电工程建设结下了不解之缘。

做事"滴水不漏"

古田溪一级水电站一期工程建成发电后，谭靖夷又随施工队伍转战岭南，参加广东流溪河水电站建设。1956年，当时还未满35岁的谭靖夷，被破格提拔为该工程的总工程师。

流溪河电站大坝坝高78米，是我国第一座自行设计与施工的混凝土双曲拱坝。拱坝主要靠结构受力保证大坝的安全和稳定，还必须解决好混凝土温度控制和防止裂缝等一系列技术问题。当时我国没有这方面的施工经验。谭靖夷参考国外工程建设经验，在我国首次采用了人工粗骨料、混凝土拌和加冰、坝内埋冷却水管等技术措施。

在流溪河工程中，以严谨著称的谭靖夷，规定拱坝模板安装误差不得超过5毫米。一次，因模板在浇筑过程中变形超出要求，混凝土出现了几个平方米的麻面蜂窝，谭靖夷责令大坝工区主任和主任工程师在工区职工大会上作了深刻检查。有人认为他这是小题大做。

“千里之堤，溃于蚁穴”，谭靖夷一生坚持的，就是工程质量来不得半点马虎。他授权工程质检人员：质量可能出现问题时，可现场下达暂时停工令。严格的制度，强化了大家的质量意识，整个工程建设中被暂时停工的情况只发生过一次。

流溪河工程从1956年7月开工到1958年8月正式发电，历时仅两年，建成一座拱坝、一条引水隧洞接地下厂房，工程质量优良，施工期全坝无裂缝，坝基灌浆廊道无渗漏。

一次，一位日本水电专家到流溪河电站参观，他根

据已往的经验，估计坝内灌浆廊道会有渗漏积水，进廊道前要求换上高筒雨鞋。可是到了廊道里，发现整个廊道是干的，到处寻找，只找到一个灌浆孔孔口稍有湿印，惊讶不已，竖起大拇指称赞道："中国人创造了奇迹！"

1989 年、2008 年，谭靖夷本人曾两次重访流溪河工程，穿着布鞋走进坝内灌浆廓道，廓道仍然滴水不漏。2008 年，他还要求从坝面取混凝土试件进行试验，结果表明混凝土强度并没有衰减，而是提高了。谭靖夷说："看到电站几十年后还焕发着青春的光芒，我甚感欣慰。""应该说，流溪河电站拱坝是我一生中最满意的一座坝"。

"做工程不去现场不行"

1997 年岁末，谭靖夷当选为中国工程院院士，已故中国工程院院士、原水电部总工程师李鹗鼎在当年的院士评选会上是这样说道：水电施工方面的技术问题，谭靖夷没有解决不了的。

实际上，谭靖夷早在 1989 年便从水电八局总工程师岗位上退了下来，但他的职业生涯却一直延续到了今天，已经 93 岁的他直到今天，依然被业界和施工方奉为"神明"，他出行的习惯也一直保留，所有到现场的工作，都是一个人背包出发。

从 1990 年到 2010 年的 20 年间，谭靖夷以 70 到 90 岁高龄从事水力发电工程技术咨询活动的时间仍高达 3213 天，平均每年 160.6 天，至今仍未停止外出活动。

"就在 7 月初，我还去了四川岷江大坝的现场，那是个拱坝，叫我去是地基灌浆出了问题。”到现场观察后，谭靖夷告诉他们，现在的做法是错误的，“现在有很多设计师都是坐在办公室里搞设计，做工程，不去现场是不行的。”谭靖夷走后，施工方按照他的建议，将原有方案全部做了修改，工程得以顺利进行。

除了为工程建设提供技术咨询，谭靖夷对工程质量的要求也十分严格。在工地考察，对于工程关键部位，再艰难他也要亲自去察看。看到施工过程有不符合要求的地方，他都会提出严肃批评。特别是对三峡、溪洛渡这样的巨型工程建设，他提出了“完美无缺，无疵可求”的质量要求，严把质量关。三峡建设分三期工程进行，工程质量一期比一期好。谭靖夷说，三峡工程直到三期工程质量才达到了“无疵可求”标准。

谭靖夷一生投身水电，始终坚持在水电施工一线。亲身打过风钻、放过炮、浇筑过混凝土，并在水电施工技术攻关和创新方面发挥了重要作用。

今年，已经93岁的他依然每天上午坚持锻炼三个小时，踢腿下腰面不改色，谈到对创新的理解，这位耄耋之年依然拥有犀利眼神和满口坚固牙齿的“筑坝专家”说：“我和别人的理解有些不一样，我认为要从发展的观念来看创新，进步就是创新，过去不会干的现在会了，这就是创新，是进步的过程，进步要像爬台阶，一阶一阶走，才踏实稳固。”

谭靖夷：心系水电志在江河

陆琦　《中国科学报》记者

“92 岁的谭院士是怎么上到七楼的？”8 月 6 日，当记者爬上无电梯可乘的中国水利水电第八工程局七楼时，早已是气喘吁吁。

“我一不留神，走到八楼了，就又往下走了一层。”早早来到会议室等候的中国工程院院士谭靖夷笑着说，并起身表演了一个精彩的下腰。

作为水电工程专家，谭靖夷院士常年跋山涉水，奔忙在各建设工地。就算离开总工程师岗位，他仍平均每年在外约 160 天。

如今，已是耄耋之年的谭靖夷，依然天天坚持锻炼身体，“我希望在有生之年，有健康的身体和充沛的精力继续为国家作贡献”。

为国效劳：喜与山水相伴

自 1946 年大学毕业时选择了水电事业，谭靖夷便与水电工程建设结下了不解之缘。

1953 年，由于设计变更，承担古田溪一级水电站设计任务的北京水电勘测设计院感到力量不足，便从古田溪工程处借调 60 余名技术人员到北京参加设计工作。一年后，首期设计任务圆满完成。此时，设计院为加强力量，决定将这 60 余人全部留下，其中包括谭靖夷。

听到消息，古田溪工程处书记梁东初匆匆赶到北京，对北京水电勘测设计院院长王鲁南说："别人都可以留下，但谭靖夷得回古田，不然就从北京院任我挑选三位工程师。"

双方意见难以统一，最后让谭靖夷自己选择。谭靖夷毅然回到了古田溪。"我喜欢与山水为伴。"

"实靖夷我邦。"谭靖夷说，父亲给他取名"靖夷"，就是希望能为多灾多难的祖国效劳。事实证明，他做到了。

1972 年 3 月，乌江渡上游围堰右岸出现漏水，从北京等地邀请来的几位专家和工程师也未能解决。领导决定将下放在木工班劳动的谭靖夷找到围堰现场，名义上是当一位工程师的助手，实际上是希望他来解决漏水问题。

谭靖夷对此毫不计较，经过几天周密思考，提出了具体解决方案：一方面抓紧在水上抛填黏土止漏，另一方面抢浇围堰下游侧加固拱。终于在汛期到来前，完成水下填石注浆，使围堰转危为安。

此后，谭靖夷才离开木工班，在无任何职务的情况下进入技术部门协助工作，最后才逐步被明确为工程技术负责人。

乌江渡水电站是我国在岩溶地区建设的第一座高拱型重力坝。为攻克岩溶夹泥地层高压灌浆的技术难关，谭靖夷与有关工程技术人员先后分两个队伍，进行了长达 40 个月的试验和严格的检测，终于首创了一套具有中国特色的高压灌浆工艺。

多项技术革新不仅提高了工程质量，还节省了投资，乌江渡水电站发电 8 年后就收回了全部投资。更重要的是，它的成功经验和技术积累为在岩溶地区建设高坝开辟了道路。

严把质量：误差不超 5 毫米

流溪河水电站大坝是我国第一座自行设计与施工的混凝土双曲拱坝，也是谭靖夷“一生中最满意的一座坝”。

拱坝主要靠结构受力保证大坝的安全和稳定，还必须解决好混凝土温度控制和防止裂缝等一系列技术问题。20 世纪 50 年代，我国没有这方面的施工经验。谭靖夷参考国外工程建设经验，在我国首次采用了人工粗骨料、混凝土拌和加冰、坝内埋冷却水管等技术措施。

流溪河工程从 1956 年 7 月开工到 1958 年 8 月正式发电，历时仅两年，建成一座拱坝、一条引水隧洞接地下厂房，工程质量优良，施工期全坝无裂缝，坝基灌浆廊道无渗漏。

1989 年、2008 年，谭靖夷曾两次重访流溪河工程，穿着布鞋走进坝内灌浆廓道，目睹廓道仍然滴水不漏。2008 年，他还要求从坝面取混凝土试件进行试验，结果表明混凝土强度并没有衰减，而是提高了。

这正是得益于谭靖夷对工程质量的严格要求。

在流溪河工程中，谭靖夷规定拱坝模板安装误差不得超过 5 毫米。有一次，因模板在浇筑过程中变形超出要求，混凝土出现几个平方米的麻面蜂窝，谭靖夷便责令大坝工区主要负责人在职工大会上作检讨。他还授权工程质检人员：质量可能出现问题时，可现场下达暂时停工令。严格的制度，强化了大家的质量意识，整个工程建设中被暂时停工的情况只发生过一次。

“看到电站几十年后还焕发着青春的光芒，我甚感欣慰。”谭靖夷说。

“千里之堤，溃于蚁穴。”谭靖夷始终认为，工程质量来不得半点马虎。在二滩工程建设中，他二话没说，炸掉七八千方误混入粉煤灰的混凝土。

在沙牌水库大坝建设中，为查找混凝土有没有问题，他连续 3 天每天只睡 4 个小时，把所有资料、每个数字全查了一遍，确保了大坝的工程质量，使大坝成为汶川地震中完好无损的最“牛”大坝。

工作不息：耄耋之年坚持下工地

从业 67 年，谭靖夷的足迹踏遍了祖国的江河湖川，

福建古田溪、广东流溪河、湖南柘溪、贵州乌江渡、湖南东江等大中型水电站的建设以及湖南韶山灌区、欧阳海灌区、桃江水库等水利工程都留下了他的名字。

1989年，谭靖夷从水电八局总工程师岗位退下来后，仍心系水电事业。可以说，国内大多数大型水利水电工程的建设，他都参与过技术咨询，指导解决了许多重大的工程技术难题。如在溪洛渡大坝工程建设中，就这座300米级高拱坝施工中遇到的深层地质缺陷处理、高温和低温季节混凝土温度控制及快速施工组织管理等诸多技术难题，他均提出了自己的意见和建议，有力地推动了工程建设。

如今，92岁高龄的谭靖夷仍坚持到工地亲自查看施工情况，爬陡梯、钻廊道，直接和施工一线员工交流，解决具体问题。就在今年7月初，他冒着酷暑去了大渡河，为一个在建大坝现场解决问题。“几十年都一样，自己一个人，背个包就走了。”

谭靖夷一生参与修筑过80余座各种类型的大坝，从论证到开工，从施工到验收，从现场实地探访到书面质量评价，每一个阶段都有他的身影和汗水。唯独竣工庆典，他从不参加。因为在他看来，竣工只是第一步，任何工程都必须经过时间的考验。

中国工程院院士季国标

郭红松■绘

季国标

季国标 (1932.3.1—) 化学纤维工程技术专家。出生于江苏无锡，1952 年毕业于上海华东纺织工学院，后去德国、英国学习化纤技术。曾任原纺织工业部副部长等职。是我国化纤工程技术、生产运行和工业发展方面的主要奠基者、开拓者和技术带头人之一。曾在我国最早建设的保定、南京、兰州化纤厂任副总工程师，仪征化纤联合厂任总工程师，主持工程和生产技术，建设和投产均取得成功。作为主要负责人之一组织和参加了辽化、川维等几个化纤基地总体技术方案的决策与实施，主持拟定 20 世纪 80 年代、90 年代我国化纤发展总体规划。积极推进机电一体的纺机国产化，用高新技术改造传统产业。1993 年被联合国工发组织授予注册的高级化纤专家资格。2004 年被推举为第 83 届世界纺织科技大会主席。荣获光华工程科技奖。1994 年当选为中国工程院院士。

我为化纤工业已工作58年。1/3时间在4个先导型大企业任总工程师。第二个1/3在纺织部处局、部任化纤技术领导，推进化纤工业由小到大（现产量已占世界60%，我国纺织原料的70%）从1994年起的18年在工程院领导下做咨询工作，但主要精力放在四个咨询项目上：①推进化纤新材料在相关产业的应用 ②碳纤维等高性能纤维推进产业化及应用 ③化纤、纺织工业由大到强的战略路子 ④正在进行中的"生物质新纤维产业化前景"。

这些咨询项目都很"实在"，都是要把"科技"推进成"生产力"

这些项目，都是您们帮助组织和大力支持的。现在都已见到有了实效，大家都感到欣慰。

季国标　引领化纤强国路

喻思娈　《人民日报》记者

20 世纪 60 年代，季国标从事化纤工业时，我国化纤年产量仅占世界 0.1%；2013 年，我国年产化纤预计突破 3800 万吨，约占世界总量 70%，跃居世界第一。60 余年，是他见证了新中国化纤工业从无到有、从小到大、由大变强的历程。他，是我国化纤工程技术的开拓者和领军人。

“看到今天我国纺织化纤工业的发展，觉得自己年轻时经受的艰难困苦实在算不了什么……”季国标院士如此谈及一生工作。

与新中国化纤共成长

参与首个项目，亲自指挥世界特大型化纤企业之一

1932 年，季国标生于江苏省无锡市。新中国刚成立，

他考入上海交通大学，攻读染化专业。

新中国成立初始，百废待兴。当时人均棉花产量只有 1.6 斤。人们基本的衣着需求都难以满足，国内化纤工业一片空白。

大学毕业两年后，国家选派一批青年技术人员学习化纤工业先进技术。季国标随即前往前民主德国学习人造纤维生产技术。

1956 年，学成回国的季国标担任技术主任，参与了我国第一个化纤项目——保定人造丝厂的筹建。他用我国第一套引进的人造丝装置，建成成套设备，使新中国化纤工业实现从无到有的突破。

南京化纤厂是季老主持的第二个人造纤维厂。他和纺织机械厂的同志们借助苏联提供的残缺不全的图纸自力更生，最终建成我国自行设计的人造纤维厂，被当时的国家建委誉为先进典型厂。

1966 年投建兰州石油化工厂，作为副总工程师，季国标主管化纤分厂。该厂的成功投产，标志着我国大力发展石油化纤的战略初步形成。

20 世纪 70 年代，季国标作为纺织工业部化纤工程技术的主要负责人之一，又参与我国辽化、上海石化、四川维尼纶、天津石油化纤四大化纤项目的规划和实施工作。1981 年，四大化纤全部投产，将我国人均布匹占有量从 1971 年的 7.2 米提升至 23.4 米。人们的穿衣需求基本得到解决，并奠定了我国化纤大国的地位。

江苏仪征化纤联合厂是季老亲自指挥建设的最后一

个项目。如今，它仍是世界上特大型化纤企业之一。

为事业无怨无悔

受批斗顶住压力选择和审批装备及技术

在纺织离退休干部局局长周佳萍印象中，季老没有一点架子，总能与人打成一片。然而，就是这样一位温和老人，在化纤事业面对挫折时，却显示超出常人的“强势”。

在保定人造丝厂工作时，正逢三年困难时期，可就在这样的环境下，他带领技术人员，从一块空地建起当时国内最大的化纤厂。

在南京化纤厂工作期间，季国标因过度劳累，肝炎发作，可他却毫不在意，直到生产线投产成功，被纺织工业部钱之光部长发现，才开始治疗。

筹建兰州化纤厂时，工厂开建不久便爆发了“文革”。外国专家全部撤走，季国标被打成“反动技术权威”。他仍抽空钻研，与技术人员废寝忘食地试车、调整、培训，实现一次性投产成功，产品的部分技术指标甚至超过了英国。

1971 年，季老主管辽阳化纤项目时，有人张贴出大字报硬说辽阳石油化纤厂引进的是 20 世纪 30 年代的落后技术。作为进口办技术负责人，他再次受到批斗。他顶住压力完成了一批装备及技术的选择和审批工作。

因“文革”时被下放，长期接触对眼睛有毒的丙烯腈，季老患上青光眼、白内障以及视神经萎缩；加上耳朵不好，医生和爱人常常劝他休息，可是只要勉强能干，季老就依旧坚持工作。

季国标念念不忘的是，1957年，他作为赴日化肥、化纤技术考察团成员，行前受到周总理的接见。总理语重心长地嘱咐说：中国有6亿人口，可是耕地太少，现在老百姓有的还吃不饱饭，穿不暖衣，派你们出去，看看有没有先进的技术能引进。

季国标说：“我国的化纤工业是在周总理的关怀下创建发展起来的，总理一心为国家、为人民和亲切待人的情怀，深深教育着我。”在季国标看来，遭受再大的打击，只要想到总理的教导，什么委屈也在所不计了。

倾力促强化纤大国

近80岁提出系列可持续发展战略性意见

从学习到工作，国际合作交流一直伴随着季国标始终。这使他既明白我国的现实需要，也清楚与世界先进水平的差距。

20世纪七八十年代，季国标和其他专家一起，提出我国产品“应以涤纶为主，兼顾腈纶、丙纶，减少维纶”的战略。事后证明，季老的见解完全符合实际，并对我国化纤技术政策产生了重要影响。

1997年，我国跃居化纤第一大国。季老提出：“我们不能满足做化纤大国，还要争做化纤强国。”

早在八九十年代，季国标就十分重视如何用高新技术改造传统的纺织和化纤工业，推进技术升级。1994年，在当选中国工程院首批院士后，他又投身于高新化纤工程技术的咨询工作。2006 年起，季国标用两年半时间，会同周国泰院士共同主持国务院重大咨询项目“高性能纤维产业化发展战略研究”，提出 10 多项高性能纤维发展的政策性建议。2009 年，这位近 80 岁的老人，又深入研究国内外情况，为我国纺织工业提出一系列可持续发展的战略性意见。

长年劳累，季国标晚年为疾病困扰，但他心中最为惦记的仍是我国的化纤事业。有一次，中国化学纤维工业协会会长端小平想去拜访季老，却被告知推后一天。第二天，当端小平来到病房，季老拿出头一天准备的足足写满了 3 页纸的稿子，嘱咐他，我国既要继续发展量大面广的化纤产业，更要推进高技术纤维的产业化……原纺织工业部的同事感慨：季老为我国化纤事业发展，竭尽所能，无私奉献着一生……

把一生献给祖国化纤事业

——记我国化学纤维工程技术学家、中国工程院院士季国标

罗沙、翟玉珠　新华社记者

入秋后的北京，天气依然闷热不堪。记者来到中国纺织工业联合会探访我国化学纤维工程技术学家季国标，得知这位81岁的老人因病住进医院，便转而采访季国标院士身边的人，听到了他为我国化纤事业奉献一生的感人故事。

为国为民 业精于勤

季国标，江苏无锡人，父亲是小商店的职员，家境贫寒。1949年新中国成立后，他同时被报考的6所高校录取，最终选择了上海交通大学。学校的爱国主义教育使他明白了许多道理，季国标立志要保卫和建设好自己的国家。

“季老进入交大后开始读的是工业管理系，一年后转到纺织工程系，后又转到纺织系，并选择了染化专业。”

中国纺织工业联合会名誉会长杜钰洲说，“这为他在化纤行业的成就打下了坚实的基础。”

每当提起母校，季国标总是感慨万分。他曾说：“交大教导学生要为国家为人民服务的精神，这激励着我一生的工作。我终身铭记着母校‘为国为民，业精于勤，求真务实，厚德载物’的教诲。”

新中国建立之初，百废待兴。季国标被国家选中派往前民主德国的几家大企业和研究院所实习，后来又被派往英国学习合成纤维技术。两次留学经历，使季国标精通德语和英语。此后的几十余载，季国标全身心投入化纤事业，成为我国第一代化纤专家，是我国化纤工业工程技术方面的主要奠基者、开拓者和组织者之一。

为建设化纤大国呕心沥血

“季老为我国的化纤工业从无到有，从小到大，由大变强奋斗了近 60 年。”杜钰洲说。

1965 年，季国标参加筹建兰州化纤厂工作，作为副总工程师主管化纤分厂。当时工厂的几个项目都是从国外引进的，“文革”开始后，外国专家全部撤走，工厂建设、生产的担子就全压在他的肩上。这时的他没有逃过被批斗的厄运，被扣上“反动技术权威”帽子。受化学原料影响，他还患上中耳炎，耳朵淌脓水，导致左耳膜穿孔。

“可他和其他技术人员仍然废寝忘食地试车、调整、培训。兰州化纤厂最终一次投产成功，产品的部分技术指标还超过英国。”杜钰洲说。

1971年，季国标被借调到纺织工业部，一家四口人挤在招待所一个小房间里，条件十分艰苦。他的夫人卢慧君回忆说："老季每天晚上都要研究相关技术材料，编写谈判提纲、合同草稿，一直工作到深夜。他把招待所前的走道当成自己加班的地方，对着一大堆资料在走道里工作。"

1978年，江苏仪征化纤联合工厂开始筹建，季国标又被任命为该厂副总指挥兼总工程师，在技术上负责总体策划、方案审定、技术考察优选、设计谈判、人员培训和生产准备。他和其他专家一起，货比几家、艰苦谈判，优选建议引进聚酯和抽丝技术装备。直到目前，该厂仍是世界一流的特大型化纤企业。

"季老一辈子都在用惊人的毅力辛勤耕耘，为中国化纤事业呕心沥血。"中国纺织工程协会名誉理事长张怀良说，"因为长期接触对眼睛有害的丙烯腈，他患有青光眼、白内障及视神经萎缩，右眼里还插了根管子，再加上耳朵不好，医生和家人常常劝他休息，可是他仍然坚持工作。"

季国标1994年当选中国工程院首批院士，对国内外化纤行业的情况做了大量调研，所提一些建议也被采纳为国家技术政策。"我国化纤年产量从占世界的0.1%增长到占世界总量约60%，季老功不可没。"张怀良说。

竭尽余热的慈祥老人

"一生勤奋，治学严谨"，"为人诚恳、谦逊，平等待人"，"低调，没有领导架子，主动跟大家打招呼"，"脾气很好”……身边的人说起季国标，总是充满敬佩之情。

“季老为人和善，性格温和，与国外进行纺织技术合作谈判时，以真诚态度和个人魅力结交了很多国外朋友，这对我们能够顺利引进很多当时比较高端的技术起了很大作用。”张怀良说。

中国化学纤维工业协会会长端小平回忆说，2011年秋天，季国标患喉癌在医院动手术，几个同事相约去看望。“我说明天去吧，他说明天别来后天来，也不知道为什么。后来到了医院才发现，原来他用一天时间写了三页纸，就是要跟我讲中国化纤工业未来怎么发展，即使他已经站在生命的关口。”

季国标退休后依然惦记着纺织工业。“他退休后组织关系已经调走了，却一再坚持要转回来，说要回到这栋老楼里，跟大家在一起。”国资委纺织离退休干部局局长周佳萍说。

“同事们去家里看望他，老人的嗓子说话很困难了，却坚持用大拇指摁住伤口跟我们说，回到这老楼里就像回到家一样。”说到这里，周佳萍眼眶红了，“他对疾病的乐观，他内心的坚强，给我们树立了很好的榜样。”

一生为百姓作霓裳

——记化学纤维工程技术专家季国标院士

袁于飞　《光明日报》记者

他与他的同事解决了新中国几亿人的穿衣问题，为新中国的化纤工业“从无到有、从小到大、由大到强”奋斗了五十多年，年近八旬仍在努力地工作。他就是我国化学纤维工程技术专家季国标。

2013 年 8 月 13 日，在位于长安街王府井附近的中国纺织工业联合会所在的大楼，记者没能见到这位老先生。与他共事多年的老同事、中国纺织工业联合会名誉会长杜钰洲告诉记者：“季老现在双目几乎失明，刚做了支气管手术，说话也费力了。他的一生，献给了化纤事业。1958 年，我国化纤年产才 0.3 万吨，仅占世界的 0.1%。在几代人的努力下，至 2012 年已发展到 3792 万吨，约占全球化纤总量的 68%，技术和产品的总体水平达国际先进。”

化学纤维解决了几亿人的穿衣难题

1949年，季国标以优异的成绩从辅仁中学毕业。进入上海交通大学一年后，他转到纺织工程系，从此与纺织结缘。新中国成立初期，百废待兴，老百姓的穿衣是大问题。为了先让大家吃饱饭，当时棉花种植面积仅占全国农田的3.9%，产量也不高，人均消费的棉花只有一斤六两。棉衣、棉被当时都是紧缺物。

为解决老百姓的穿衣问题，1954年前后，国家决定创建化纤工业。当年，周恩来总理亲自会见派去国外考察的一批技术骨干，掰着手指跟他们讲："中国有6亿人口，可是耕地太少。现在老百姓有的还吃不饱饭，穿不暖衣。看看有没有先进的技术能引进。"

季国标在青岛印染厂实习工作两年后，被派去前民主德国学习化纤工业先进技术。在东德，季国标学的是人造纤维。到了20世纪60年代，国家要发展以石油、天然气为原料的合成纤维，他又被派到英国去实习。归来后，国家先后任命他做了保定人造丝厂、南京化纤厂、兰州石油化工厂、江苏仪征化纤联合厂4个不同种类化纤厂的技术总指挥。

此后的几十余载，季国标都将自己的心血、知识和经验献给了化纤事业。20世纪80年代，用化纤生产的"的确良"衣服成为时髦的东西。到1983年，我国化学纤维的产量大大提高。于是，商务部取消了在全国使用多年的布票。至此，中国几亿人的穿衣难题终于得到解决，季国标和他的同事们功不可没！

在逆境中把全部心血注入化纤事业

新中国的化纤从无到有，从小到大，并非一帆风顺。季国标的人生，也随之浮沉。

季国标在保定工作时，因在困难时期，吃不饱饭，靠采野菜补充，他的孩子生下来时只有 3 斤重。

在南京化纤厂，他不知疲倦地抓设备调试、技术培训、操作练兵，终因过度劳累，以至肝炎发作，过了急性期还毫不在意，直到生产线投产成功才被原纺织部部长钱之光发现并安排治疗。

在兰州石油化工厂，由于季国标主持了从外国进口腈纶装置工作，并负责技术和对外合作，文革时期被打成了“反动技术权威”，受到批斗。那时季国标得了中耳炎，耳朵淌脓水，不能去看病，导致左耳膜穿孔。外国专家撤走后，季国标才被“解放”，工厂建设、生产的担子就压在了他的肩上，他和其他技术人员废寝忘食地试车、调整、培训，终于投产一次成功，产品的部分技术指标还超过了英国。

季国标由于“文革”时被下放劳动，长期接触对眼睛有毒性的化学品，因此患有青光眼、白内障以及视神经萎缩，右眼里还插了根管子，再加上耳朵不好，体弱多病，大夫和爱人常常劝他休息，可是只要他身体勉强能干时他依然要干，还常作报告、写文章，参加科技活动，支持化纤纺织的发展。

季国标主管上海石化腈纶项目时，就住在工厂的车间里。有一次因过度疲劳发烧，白血球降到2000，才被厂长安排去医院住院。经过他的努力，腈纶厂克服了设计制造和培训过程中的不足和困难，顺利运行。

让中国化纤技术与世界同步

1985年，季国标在原纺织部领导和国家支持下，创建和组织了北京国际化纤会议。现国际已公认它为世界两大国际化纤会议之一。该会层次高、影响大，延续至今已成为年会，对促进我国化纤工业的对外开放和技术发展起了重大作用。

90年代，国务院为重点推进纺织技术升级，组成有六七个相关部门参加的纺织机械技贸结合国产化小组（以自动络筒和无梭织机为重点）。季国标任组长，主持和组织了与国外多家技术最先进的公司会谈，制订我国纺机企业的技术改造方案。这批高新技术的纺织机械已大批国产化，对我国纺织工业的技术升级，起了历史性的重要作用。

1994年，季国标当选中国工程院首批院士。1999年至2001年，在工程院领导下，他提出和主持了《推进化纤在相关产业的应用》的咨询项目，有40多位跨学科、跨产业的院士、专家参加。历时三年，他对国内外情况作了大量调查、考察研讨，对所提建议反复论证。国务院领导和有关部门对此咨询报告非常重视和支持，并已形成国家的技术政策。近10年来，产业用纤维材料的产量从173万吨增长到821万吨。

2006年起，季国标用两年半时间，集中精力会同周国泰院士共同主持了中国工程院为国务院所作的重大咨询项目“高性能纤维产业化发展战略研究”。现在，高性能纤维产业化正在迅速推进中，有力地支持着航空、航天、国防军事、新能源建设、环境保护等工程领域。

奥斯特洛夫斯基说过一句话，曾影响了季国标那一代人：“人的一生应当这样度过：当你回首往事的时候，不会因为虚度年华而悔恨，也不会因为碌碌无为而羞愧。”

季国标自己也是这样去做的。他用实际行动，展现了这种生命不息、奉献不止和服务人民的人生价值观。即使躺在病榻上，他仍在学习前沿科技知识，研究新的咨询项目——“研讨多种生物质新纤维的工程化、产业化前景”。真是活到老，学到老！正如杜钰洲说的，“季老，他是我国优秀科学家的典范。”

一缕丝　一生情

来洁　《经济日报》记者

季国标，化学纤维工程技术和管理专家，我国化纤工程技术主要开拓者和领军人之一，中国工程院首批院士。1956 年至 1981 年，先后参与主持了保定、南京、兰州和仪征等全国大型先导化纤厂的建设，参与了上海等 4 大石油化纤基地的筹划和建设，并组织制定、实施 20 世纪后期我国化纤发展的总体规划。

这是一场没有采访对象的特殊采访，因为季国标院士刚刚做了喉癌第二期手术，气管切开后别说讲话，连呼吸都成了问题。眼睛基本看不清，耳朵也在“文革”中受伤，听力严重下降。然而，听过季国标老同事老朋友们的讲述，一个心系民生疾苦、满怀报国热情、刻苦钻研技术的人物形象逐渐清晰。

说起化纤，很多人的第一反应是“的确良”。20 世纪七八十年代，这个高档面料色彩漂亮，结实耐穿，拥有一件“的确良”制成的衣服相当时髦。在崇尚棉麻等天然纤维的今天，再提起这段历史，很多人都觉得有些遥远。诚然，那个买布要凭票，一件衣服“新三年、旧三年、缝缝补补又三年”的时代已经远去。但是，我们不应遗忘化纤为解决当时穿衣难题发挥的巨大作用，更不应忘记曾经有很多人为了让大家有衣穿、穿得暖、穿得好而付出的艰苦努力。季国标就是其中作出巨大贡献的一员。

丰衣足食，是人们最基本的生活要求，也是季国标奋斗了一生、最朴素的中国梦。作为我国化纤工业的开拓者和领军人之一，他为了我国化纤工业从无到有、从小到大、从大到强，不畏艰难、不辞辛苦、不计得失地奋斗了整整一生。

砥砺奋进，只为一个心愿

不能再让人们缺衣少穿，这是他奋斗了近50年的理想。

季国标1932年生于江苏无锡。明清时期，无锡这颗“太湖明珠”的纺织业十分发达，家家有纺机、户户织棉布。然而，在季国标的少年记忆里，从20世纪30年代末到解放初，却是缺衣少穿的景象。他1949年考入上海交通大学时，有同学甚至是光着身子从西南坐火车到上海的。

吃饱穿暖是最大的民生，不能再让人们缺衣少穿。怀着一份强烈的责任感，季国标开始了求学生涯。在上海交大，他开始读工业管理系，一年后，转到纺织工程系，

后又转到了纺织系，并选择了染化专业。

1952 年，季国标大学毕业，被分配到青岛印染厂，风尘仆仆的年轻人心里是满满的报国情怀。立志建设好新中国的他，每天在生产车间上班 12 小时，和工人们工作生活在一起。正是在纺织工业的第一线，季国标光荣地加入了中国共产党。

当时，百废待兴的新中国面临着两大突出难题，一是缺吃，二是少穿。“当时我国人均棉花占有量只有一斤六两，属于极度贫困。棉田面积十分有限，而且南涝北旱，产量不稳定。要解决人民穿衣的困难，单靠棉花是绝对不行的，必须发展化纤工业。”中国纺织工业联合会名誉会长杜钰洲说，化纤工业对解决穿衣难题至关重要。

1954 年，我国化纤事业开始起步，国家选派一批青年技术人员去前民主德国学习化纤工业先进技术，季国标是其中之一。学成归国后，他便奔赴保定人造丝厂任技术室主任。当时正值“三年困难时期”，吃不饱饭的季国标靠着野菜充饥，和同事们一起拼搏，在一片空地上建成投产了当时国内最大的化纤工厂，拥有从前民主德国引进的世界最先进技术。

让人们有衣穿、穿得暖、穿得好，一直是季国标的追求。1957 年，周恩来总理接见赴日化工化纤考察团时对他们讲，中国有 6 亿人口，可是耕地太少。现在老百姓有的还吃不饱饭，穿不暖衣。派你们去日本考察，看看有没有先进的技术能引进，可以引进来改善人们的穿衣状况。一番语重心长的谈话，让他对这一追求更加坚定。

从日本考察归来，季国标任技术总指挥，开始马不停蹄地参与筹建一个又一个化纤新厂。“化纤光靠引进技术是解决不了问题的，必须实现自己生产，必须发展自己的装备工业。”季国标积极把梦想付诸实践。1963年至1965年，他任南京化纤厂副总工程师。这是一座我国自行设计、自己制造设备的人造纤维厂，季国标同老专家、老技工一起攻克技术难关，一次投产成功，这一项目被当时的国家建委誉为自力更生建设的先进典型。

凝聚了季国标最多心血的当属江苏仪征化纤联合厂。1978年，在筹建仪征厂、谈判购买技术设备的半年里，白天西装革履出入酒店的季国标，到了晚上则穿起旧汗衫，就着招待所厕所门口微弱的灯光研究技术材料，编写谈判提纲、合同草稿，一直熬到深夜。由于他在每一次谈判中都货比三家，最终为国家节省了2000多万美元的采购成本。建成投产的仪征厂在我国化纤发展历程中地位举足轻重，实现了全国化纤产量的翻番，仅涤纶产量一项就占据了全国的半壁江山，至今也依然是世界特大型化纤企业之一。

1983年11月22日，国家宣布取消布票，纺织品敞开供应，缺衣少穿的时代彻底终结。当年化纤产量已经达到54万吨，人均纺织品消费量达到23.4米。季国标奋斗半生的夙愿，终于得以实现。

夯实基础，圆化纤强国梦

按照现在的速度走下去，2020年我国一定能建成化纤强国。

我国化纤工业实现了从无到有，还应从小到大，从大到强。1972年，参与主持了几大化纤厂创建的季国标进入纺织工业部工作，从技术指导转身为决策者之一。在纺织部任职的20年间，他为了把我国建设成世界化纤大国，全力以赴。

20世纪七八十年代，季国标结合化纤发达国家的情况，基于我国实际，深入研究提出了发展我国化纤工程技术的意见和方案。70年代筹划上海石化等四大化纤基地时，他和有关专家一起，就提出了产品应以涤纶为主，兼顾锦纶、腈纶、丙纶，减少维纶；抽丝设备可引进技术和自主建造相结合，立足国产化；化纤和原料的产能要协调平衡等，都形成了当时的技术政策。那段时间，他还参与了上海石化、天津石油化纤、辽化、四川维尼纶4大化纤基地建设的总体策划、对外考察和技术谈判。1983年，季国标编写了《我国化纤工业发展和一些技术经济政策性问题》的研究报告，后成为“六五”、“七五”化纤发展大纲的基材。

1990年前后，他重点主持研究了“八五”、“九五”化纤发展总体方案，包括从原料到抽丝的总量、分量、大中企业布局、技术路线、前后配套等建议，得到纺织部和国家有关部门的支持，成为1990年至2000年化纤发展规划的基础。

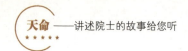

20世纪90年代，国务院为重点推进纺织技术升级，组成有六七个相关部门参加的纺织机械技贸结合国产化小组。季国标出任组长，主持和组织了与国外多家技术最先进的公司会谈，制定我国纺机企业的技术改造方案。这个项目国家投资15亿元和1.6亿美元。这批高新技术的纺织机械现已大批国产化，对我国纺织工业的技术升级起了历史性的重要作用。

此外，季国标还努力推进化纤工业的对外开放。1985年，他在纺织部领导和国家支持下，在联合国工发组织和外国专家的帮助下，创建和组织了北京国际化纤会议（现为中国国际化纤会议），现已和奥地利并列成为世界两大国际化纤会议，成为我国建成化纤大国的重要标志之一。

在季国标从事化纤工业之初，我国化纤年产量仅占世界的0.1%；而到2012年，我国化纤产量已经占世界的近70%，跃居世界第一。“未来要继续实现高速发展，必须提高生产力水平和科技文化含量。按照现在的速度走下去，2020年我国一定能建成化纤强国。”

竭尽余热，燃一腔报国情

推进高新纤维产业化，助力航空、航天、国防等领域发展。

时间进入21世纪，化纤承载的使命已经超越了人们的穿衣需求。紧密关系着航空、航天、国防等领域发展

的新性能纤维产业化，成为季国标最为关注的新课题。

1994年，季国标当选中国工程院首批院士，历任学部主任6年、学部常委4年，这期间一直致力于高新化纤工程科技的咨询工作。1999年至2001年，他提出和主持了《推进化纤在相关产业的应用》的咨询项目，有40多位跨学科、跨产业的院士和专家参加，其间他对国内外情况作了大量调查、考察研讨，对所提建议反复论证。国务院领导和有关部门对此咨询报告非常重视和支持，并已形成国家的技术政策。近10年来，我国产业用纤维材料的产量从173万吨增长到821万吨。

2006年起，季国标用两年半时间，会同解放军总后勤部周国泰院士，共同主持了中国工程院为国务院所作的重大咨询项目“高性能纤维产业化发展战略研究”。他们对国内约50家涉及碳纤维、芳纶、高强高模聚乙烯、玄武岩和聚苯硫醚等领域的科研院所、大学、工程化试验和生产应用单位，进行实地调研、指导，并提出了10多项高性能纤维发展的政策性建议，对调研单位和政府有关部门发挥了重要参谋和促进作用。现在，高性能纤维产业化正在迅速推进中，有力地支持着航空、航天、国防军事、新能源建设、环境保护等工程领域。

晚年体弱多病的季国标虽然视力听力都不太好，喉部胸部也都动过手术，仍始终努力学习前沿科技知识，了解国内外动态，研究问题从未懈怠。中国化学纤维工业协会会长端小平给记者讲了一个令他深受感动的故事。2011年，季国标进行第一次喉癌手术后，端小平打电话提出要去看望他。季国标却让他过两天再来。原来，季老用这段时间在病床上颤巍巍地写下了我国的化纤工业应该注意的4个问题：仍然要发展量大面广的化纤，同时注重发展高性能和生物质纤维，还要注意循环利用。

殷殷赤子心，拳拳报国情。为了这一缕缕轻盈的化纤丝，季国标投入了自己毕生的知识和心血。他常说，“看到今天我国纺织化纤工业的发展，自己年轻时经受的艰难困苦实在算不了什么”。

采访感言

为国为民的大爱胸怀

在很多人的印象里，院士们都老当益壮，精神矍铄，八九十岁了还和年轻人一样健步如飞。

其实，也有不少老院士为了祖国的强盛，一生拼尽全力，干工作争分夺秒，休息治病能拖就拖，甚至为此透支了自己的健康，牺牲了家庭。季国标就是如此。

晚年病痛缠身的季老，一生也遭遇了不少挫折困苦。在南京化纤厂工作期间，他自恃年富力强，不知疲倦地抓设备调试、技术培训、操作练兵，结果过度劳累，肝炎发作，过了急性期却仍不在意，直到生产线投产成功后才去治疗。

在今天的年轻人看来，这些已经是不可能的了。生活第一，工作第二，没有超额的报酬不会付出超额的劳动，

成了通行的信条。这些想法或许并没有错，但是，当年如果季老按这些说法去工作，我们是绝对不可能在短短30年间成就化纤大国的梦想的。正是他为国为民、不计得失的大爱胸怀，才带领老一辈化纤人奠定了今天我国化纤产量世界第一的基础。老科学家的崇高风骨令人敬仰，无论何时，干事业都应该有这样的精神。

中国工程院首批院士季国标

韩秀　中央人民广播电台记者

北京东长安街 12 号，中国纺织工业协会，是季国标工作和奋斗过的地方。这位 81 岁的老人如今卧病在床，但是对于这栋楼，对于中国的纺织工业，他有着难以割舍的感情。

时间回到 1949 年，17 岁的季国标进入上海交通大学工业管理系学习，后又转到纺织系染化专业，他将自己一生的智慧和心血全部奉献给祖国的化纤事业，原纺织工业部科技司司长张怀良回应说，认真与敬业，是季老最鲜明的特点。

接触最多的还是调到进口办，当时季部长是项目负责人，主要负责项目的对外谈判，这个时候工作确实很辛苦。白天谈判，晚上加班整理资料、分析、汇报。那个时候他眼睛经常是红的，嗓子经常是哑的。

季国标对自己的要求十分严格，虽然已经年逾古稀，

体弱多病，喉部、胸部都动过手术。但仍然努力学习前沿科技知识，了解国内外动态，研究问题，紧张工作，从未懈怠。中国化学纤维工业协会会长端小平："前年的时候，季部长在医院动手术，我就打电话约他去看他，我说明天来，他说明天别来后天来，我也不知道什么原因。原来他写了三页纸，然后就跟我讲化纤工业应该怎么发展。即使在生病的时候，他也是心系化纤的发展。"

令季国标十分欣慰的是，在他的带领下，中国化纤事业发展突飞猛进。1958 年我国化纤产量仅 0.3 万吨。经过几代人的努力，2012 年的产量已达到 3792.16 万吨，技术和产品已经位列世界先进水平。

季国标：毕生心血谋化纤

瞿剑 《科技日报》记者

记者9年前采访中国工程院院士季国标，年逾古稀的他精神矍铄，谈锋甚健；三四年前再联系他，电话那头传来的声音低沉沙哑，记者被告知，刚动完喉部手术的他说话已十分困难；几天前再次采访，他缺席。

在北京东长安街原纺织工业部大楼里，季国标的同事们介绍，因喉部二次手术，他现在已近失语；而青光眼、白内障以及视神经萎缩，又让他失明；喉部、胸部的多次手术，使他现在喝水甚至呼吸都十分吃力，吃饭则完全靠鼻饲……

同事们说，这些不便，全是因为他长期接触对眼睛有毒性的丙烯腈等，而这些有毒化学物，跟他倾注了全部心血的化纤事业密不可分。如果说我们今天的丰衣和足食，离不开那一缕纤细的化学纤维，那对这位如今已生活不能自主的老人、中国化纤工程领域的巨人，我们该有的，除了钦佩，就是感念。

时势给了他最好的用武之地

新中国成立之初，百废待兴。新生政权所面临最具挑战性的国计民生大事之一，就是“衣食住行”四事之首的穿衣问题。

据中国纺织工业联合会名誉会长杜钰洲介绍，那时我国棉花播种面积只占3.9%，人均消费量仅1斤6两。资源极度匮乏，使纺织生产成为“无米之炊”。在此情况下，一方面国家对棉纱和棉实施统购统销，另一方面，纺织部决定，始于1953年的“一五”计划时期就要发展化纤。

这样的时势给了季国标最好的用武之地。他1952年从上海交大纺织工程系毕业，经青岛印染厂实习工作两年后，1954年，被选派赴前民主德国学习人造纤维（再生纤维素纤维）生产技术。到20世纪60年代，为发展以石油为原料的合成纤维，国家又选派他去英国实习。

两次留学，为季国标奠定了坚实的化纤工程技术基础及其产业建设、运行经验。此后的几十年间，从最早的保定第一人造丝厂，到国内首个自行设计、自己制造设备的南京化纤厂，从尝试以石油为起始原料的兰州石油化工厂，到已具现代先进化纤企业雏形的四大化纤，直到世界特大型化纤联合企业仪征化纤，季国标的身影与新中国化纤工业发展的轨迹始终相伴。

保定厂，他参与主持工艺配套、试车、改进和技术鉴定，是建设这一首条国产黏胶短纤维生产线的大功臣；南京厂，他面对从前苏联得来的一些残缺不全的设备、图纸，会同老专家、老技工苦战3年，取得一次投产成功，被当时的国家建委评为自力更生建设的先进典型；兰州石化建设中期，正值“文革”高潮，外国专家全部撤走，建设和投产的技术担子压在了作为副总工程师的他一人肩上，季国标废寝忘食地试车、调整、培训，终于和大家一起掌握了这套当时国际最先进技术，一次投产成功，产品部分指标还超过了英国；上海金山、天津、辽阳、四川维尼纶四大化纤中，他参与了全部4个项目的总体规划，并直接负责辽化、金山和川维的建设。“四大化纤1981年全部投产之时，实际产量占当年全国布产量的15%，按当时10亿人口人均分得量2.5米，解决了大问题！”杜钰洲感慨道。

一切为了早日建成中国大化纤

1972年，季国标调到纺织部进口办，负责四大化纤引进项目的对外技术谈判。

中国纺织工程协会名誉理事长张怀良回忆，那段时间，季国标经常眼睛是红的，嗓子是哑的。因为当时外汇拮据大背景下的谈判不比如今的企业间磋商，国家“定时间、定钱数”，谈判时以这些倒推，难度极大。要在这样的谈判中做到货比三家，就要自己首先心中有数，所以都是“白天谈，晚上学”。

季国标的夫人卢慧君记得，当时一家四口人挤在招待所一个小房间里，“老季每天晚上都要研究相关技术材料，编写谈判提纲、合同草稿。他把招待所厕所前的走道当成自己加班的地方，对着一大堆资料每天工作到深夜”。

就这样，季国标和有关专家一起，提出了四大化纤产品应以涤纶为主，兼顾锦纶、腈纶、丙纶，减少维纶；抽丝设备可引进技术和自主建造相结合，立足国产化；化纤和原料的产能要协调平衡等，形成了正确的技术政策。

1984 年担任分管化纤、科技、外事工作的纺织部副部长之后，季国标外出考察中给部下印象最深的就是，“他的考察跟别人不一样”——他总是先到厂里，实地看流水线，然后再听汇报。“这样听起来更明白，拿出的意见也更对症。”不止一位厂长感慨：“季部长帮我们少走了多少弯路！”

当部长之后，季国标每天从甘家口到部里上班，路上因为堵车，差不多要用一个小时。他舍不得浪费这段时间，总是在车上办公。“日久天长，对眼睛损害也不小。”卢慧君心疼地说。

“一生治学严谨，为人谦和”，是季国标身边同事对他的一致评价。他的温和、谦逊性格，在引进办体现出优势。“包括跟外国专家，很多用常规手段、常规渠道解决不了的问题，他都能解决。”杜钰洲说。但他又不是没有原则，他守住唯一的底线，就是“早日建成中国的大化纤”。

他总能与世界发展趋势不谋而合

中国化纤工业协会会长端小平是季国标的晚辈和老部下。2011 年秋，老人患喉癌第一次动手术时，端小平打电话预约第二天去探望，季国标马上说“明天别来后天来”，也不知道为什么。到医院后端小平才发现，原来他用一天时间写了满满三页纸，主题就是讲中国化纤工业未来怎么发展，“站在生命关口的他仍然心系他的事业”。

杜钰洲说，退休后的季国标，主要精力放在谋划高技术纤维的发展上。2006年起，他用两年半时间，集中精力会同周国泰院士，共同主持了中国工程院为国务院所作的重大咨询项目“高性能纤维产业化发展战略研究”，分7个子课题组，有约100位院士、专家参与。对国内约50家从事碳纤维、芳纶、高强高模聚乙烯、玄武岩和聚苯硫醚等纤维的科研院所、高校、工程化试验和生产应用单位等进行实地调研、指导，并提出了十多项高性能纤维发展的政策性建议，为有关部门起了重要的建议参谋作用。现在，高性能纤维产业化迅速推进，有力支持了航空、航天、国防军事、新能源建设、环境保护等工程领域。

2009年，为应对国际金融危机，季国标又深入研究国内外情况，提出我国纺织工业可持续发展的一些战略性意见，并在国务院常务会议上进行了阐述。他现在最新的咨询项目是“研讨多种生物质新纤维的工程化、产业化前景”。

“他对化纤事业不光是热爱，而且能够始终瞄准行业发展前沿，跟世界发展趋势总能不谋而合。”端小平语气中不光感动，更多的是敬佩。

季国标：筑梦化纤

陆琦、王威 《中国科学报》记者

“不论在中国纺织工业联合会的楼道里遇见谁，他都会微笑着打招呼。”在同事眼里，中国工程院院士季国标一直都是那么谦和，那么有气度。

“81岁高龄，喉部、胸部都动过手术，在住院期间仍心系现代化纤的发展，说不出话，就用笔写……”说起这位我国化纤工程技术的主要开拓者，后辈们无不被季国标为国家、为化纤事业奋斗终身的奉献精神深深感动。

“哪里有需要，我就在哪里”

“我是和中国的化纤工业一起成长的。”季国标为新中国的化纤工业从无到有，从小到大，现在正由大变强奋斗了近60年。

建国初期，百废待兴，亟待解决的问题是人民群众的吃饭穿衣问题。为了改善人民生活，国家决定创建化纤工业。

1954年，国家选派一批专业水平高、思想素质好的青年技术人员去前民主德国学习化纤工业技术，上海交大纺织系毕业、在印染厂实习工作两年的季国标入选。在前民主德国，季国标学的是人造纤维，也就是再生纤维素纤维。到20世纪60年代，国家要发展以石油、天然气为原料的合成纤维，又派他到英国实习。

两次留学后，由于熟悉化学纤维产业的建设和运行过程，季国标先后参与主持了保定、南京、兰州和仪征等全国大型先导化纤厂的建设。

此后几十余载，季国标将自己的心血全都献给了化纤事业。“哪里有需要，我就在哪里。”

1972年以后，季国标被调到纺织工业部，从工程师开始做起，后任副局长、局长，到1984年任副部长，主管科技、化纤、外事和机械。

1994年，季国标当选中国工程院首批院士，历任学部主任6年、学部常委4年，一直致力于高新化纤工程科技的咨询工作，从未懈怠。他常说：“看到我国纺织化纤工业的发展，我的辛苦实在算不了什么。”

逆境让他更强大

在近60年的奋斗中，季国标也曾遭遇挫折，但逆境给了他惊人的毅力，让他更加强大。

在南京化纤厂工作期间，季国标因劳累过度引起肝炎发作，过了急性期还毫不在意，直到生产线投产成功，才被当时的纺织部长钱之光发现并安排治疗。

在兰州石油化工厂时，季国标作为副总工程师，主管化纤分厂。当时是从英国引进的成套设备，但由于建设时正值“文革”，外国专家全部撤走，恢复生产建设的重担一下子压在他身上。他和其他技术人员废寝忘食地试车、调整、培训，终于投产一次成功，产品部分指标还超过英国。

1971年，季国标被借调到纺织工业部，一家四口人挤在招待所一个小房间里，条件十分艰苦。他每天晚上都要研究相关技术材料，编写谈判提纲、合同草稿，一直工作到深夜。他把招待所厕所前的走道当成自己加班的地方，对着一大堆资料在走道里工作。

由于长期接触对眼睛有毒害的丙烯腈，季国标患上青光眼、白内障以及视神经萎缩，右眼里还插了根管子，再加上耳朵不好，医生和家人常常劝他休息，可只要是勉强能干的他依然要干。

2011年秋天，季国标做完第一次喉部手术后，一位年轻专家去医院探望他。季国标拿出在病榻上写成的密密麻麻的三页纸，上面满是他对化纤产业发展的前沿观点和建设性意见。

编织化纤强国梦

将中国化纤工业做大做强，一直是季国标的梦想。

在纺织工业部任职的20年间，季国标的主要精力就是把中国建设成为世界化纤大国。20世纪70年代，作为纺织部化纤工程技术方面的主要负责人之一，季国标参与了上海、辽阳等四大化纤基地建设的总体策划、对外考察和技术谈判。

1983 年，季国标编写了《我国化纤工业发展和一些技术经济政策性问题》研究报告，后成为“六五”、“七五”化纤发展大纲的基材。1990 年前后，他重点研究主持制定了“八五”、“九五”化纤发展总体方案，成为 1990 年至 2000 年我国化纤发展规划的基础。

20 世纪 90 年代，国务院为重点推进纺织技术升级，组成有六七个部门参加的纺织机械技贸结合国产化小组，季国标任组长，主持和组织了与国外多家技术最先进公司的会谈，制定出我国纺机企业的技术改造方案。季国标还积极推进用高新技术改造传统的纺织和化纤工业，并参与调研、技术决策和实施多个重大项目。

当选中国工程院院士后，季国标致力于高新化纤工程科技的咨询工作。他提出和主持了“推进化纤在相关产业的应用”咨询项目。近 10 年来，形成国家技术政策推广实施，产业用纤维材料的产量从 173 万吨增长到 821 万吨。

季国标会同中国工程院院士周国泰共同主持了“高性能纤维产业化发展战略研究”重大咨询项目，提出了十多项高性能纤维发展的政策性建议。现在，高性能纤维产业化正在迅速推进中，有力支持着航空、航天、新能源、环保等工程领域。

令他欣慰的是，在他最初从事化纤工业的 1958 年，我国的化纤年产量才 0.3 万吨，仅占世界的 0.1%，而到 2012 年，已达到 3646 万吨，约占世界化纤总产量的 69%，技术和产品的总体水平也达到国际先进。

中国工程院院士吴明珠 / 张建设■摄

郭红松■绘

吴明珠

吴明珠 (1930.1.3—) 女，园艺学专家。出生于湖北省武汉市。1953 年毕业于西南农学院。现任新疆农科院哈密瓜研究中心研究员。新疆甜瓜西瓜育种事业的开创者。主持选育经过省级品种审定或认定的甜瓜西瓜品种达 30 个。甜瓜早、中、晚熟系列品种以及同行用其亲本所育品种推广面积曾覆盖新疆北疆及吐哈盆地主要商品瓜区的 80%。为社会创造经济效益数十亿元。最早开始新疆甜瓜地方品种资源的收集和整理，挽救了一批濒临绝迹的资源。在国内率先将远生态、远地域、多亲复合杂交、回交及辐射育种等技术相结合，选育出优质抗病的甜瓜西瓜新品种，创造了一批新的种质资源。利用生态差异，长期在新疆和海南两地进行南北选育，创造了一年四季高速育种的成功实践。在世界上首先转育成功单性花率 100% 的脆肉型（哈密瓜型）优质自交系，已应用于生产。建立了甜瓜育种和无土栽培的技术创新体系。1999 年当选为中国工程院院士。

2007年工作小结

一、政治思想方面：

1. 感谢新疆的党组织和党员选我当了十七大代表。会议期间，特别是胡锦涛同志的报告，使我对高举中国特色社会主义的伟大旗帜，走科学发展之路，建设创新型国家以及农业是重中之重等方面的认识，有了很大的提高。要坚持用十七大精神指导我们的业务工作。

2. 个人在对十七大精神的两次学报和传达中，同志们的反映也给了我很大的启示，也鼓励我继续不断学习和贯彻十七大精神。

3. 我还是对农科院南繁工作的同志很及时进行传达，一方面南繁领导很提这个要求，另一方面，传媒天天在宣传，大家都在学习。

二、业务工作方面：

1. 风味4号甜瓜已多点试验成功，有发展前途。

风味5号甜瓜，比较适合一般人的口味，也要多点试验。

2. 红花皮甜瓜及航天金凤凰，潜力较大，应抓紧选育，红皮甜瓜成功后，将是我们育种工作的第二个亮点。

3. 航天红心脆在海南表现较好，又增加了一个适于南方种植的精品哈密瓜新品种。

4. 在种子购销供货与制种方面还存在一些问题及漏洞，需及时帮助解决，我对此考虑较少。今后要多关心。

5. 今年在大棚栽培方面也存在问题，应很好研究解决。

吴明珠 12月25日

“瓜痴”吴明珠

戴岚、胡仁巴　《人民日报》记者

83 岁高龄的中国工程院院士、新疆农科院育种专家吴明珠，被新疆人民亲切地称为“阿依木汗”（意为：月亮姑娘）。57 年来，她奋战在戈壁西甜瓜育种一线，培育出一批新品种、打造多个科技示范基地、让哈密瓜南移东进，让不是甜瓜初生起源中心的我国，成为全球甜瓜分类系统中占有重要位置的甜瓜次生起源中心之一。

57 年的奋斗，中国工程院院士、新疆农科院育种专家吴明珠挽救了一批濒临绝迹的品种资源，填补了我国北瓜南移的空白；在主产区实现了甜瓜品种的第一次更新，延长了优质瓜的供应期；先后培育出甜瓜新品种 16 个，西瓜新品种 10 个，打造了中国领先的哈密瓜育种技术平台，填补了中国冬季不能生产哈密瓜的空白。

“一天不去瓜地，我就觉得很难受……”

2013 年 8 月 9 日，记者在新疆农科院见到了 83 岁高龄的吴明珠，她刚从海南研发基地回来。

“一天不去瓜地，我就觉得很难受，就好像母亲一天看不到自己的孩子。”吴明珠说，来新疆 50 多年了，对瓜有了特别感情。从西南农学院园艺系毕业后，吴明珠主动申请到西北边陲新疆鄯善县工作。

“吴老师对瓜几乎到了如醉如痴的程度。”她一手培养的学生、新疆农科院哈密瓜研究中心副研究员冯炯鑫说。在试验阶段，她最爱做的事，就是到地里看瓜；最高兴的事，就是看到一个个长相各异的瓜。在戈壁绿洲高温闷热的环境下，吴明珠从早晨五六点一直忙到中午十一二点。她培育的甜瓜新品种覆盖面积曾占新疆商品瓜区总面积的 80%。在鄯善、吐鲁番一带，更是涌现出一批甜瓜致富村，经济效益和社会效益难以用数字表达。

“吴明珠老师一生只做了一件事儿，而且做得很出色。”新疆农科院院长陈彤说。1979 年吴明珠被吐鲁番科委提拔为地区副专员。担任领导职务，要占去她很多时间和精力，也影响她专心搞甜瓜杂交试验。“知道组织上不会轻易批准，她就借口回南京去照顾久病的丈夫，辞去了副专员职务。”陈彤说。当时吴明珠并没有回南京，而是联系调到新疆农科院。她只提出一个要求：不当官，还去鄯善种瓜。

“观察瓜，能让人学会跟瓜交流”

“瓜从播种到长大都有变化，不仔细观察有些变异就选不出来。”谈起如何观察甜瓜的长势，吴明珠说：“甜瓜不会说话但是会表现，观察瓜能让人学会跟瓜交流。”

早在20世纪50年代后期，她就在瓜熟季节用3年跑遍了周边3个县300多个生产队的瓜地进行观察，收集原始材料100多份，整理出甜瓜优良农家品种44个。

吴明珠还抽时间赶赴中国农作物的“种子硅谷”三亚，从事南繁事业。她负责的新疆农科院海南三亚科技示范园，已成为集高科技育种、栽培、培训为一体的科技研发示范基地，培育出20多个甜瓜、西瓜新品种。在认真研究甜瓜单性花遗传规律的基础上，她在世界上首次成功转育单性花率100%的脆肉型甜瓜优质自交系，并建立起脆肉型甜瓜无土栽培体系。2007年，她力推的“新疆西甜瓜育种研发基地（三亚）”在三亚挂牌。

吴明珠的维吾尔语名字叫阿依木汗（意为：月亮姑娘），“新疆人民夸这位阿依木汗有月亮般明媚的心灵。”陈彤说，正因为有了她的创新开拓，产量稀少的哈密瓜才能成为普通百姓桌上的美食。

“我和农民朋友们很有感情。他们都愿意找我看瓜。”吴明珠培育的西瓜、甜瓜品种，送到农民手里，都产生了可观效益。哈密瓜新品种“金凤凰”，深受海南、浙江、江苏、上海等省区农民欢迎；甜瓜新品种的推广种植更成为海南农民脱贫致富的主要产业。

10余年来，“瓜婆婆”多次到溧阳田头

“橘生淮南则为橘，橘生淮北则为枳。”吴明珠颠覆了这个传统观念，将大陆性气候特产哈密瓜成功南移东进，种植区域拓展到海南、江苏、浙江、上海等省市，并将完整的育种创新体系推向世界。

说起哈密瓜的南移东进，不得不提江苏溧阳。溧阳因盛产西瓜而赢得“瓜乡”美名，但由于品种退化等原因，农民们渴望引进瓜类新品种。

作为哈密瓜的一代育种专家，吴明珠曾有一大烦恼：倾注了自己半辈子心血培育出来的“雪里红”，尽管有不少地方引种试种，可几乎都没有了下文。2002年，当得知溧阳市要扩大试种示范面积时，吴明珠亲自从新疆寄来4000多颗新疆哈密瓜“雪里红”、“绿宝石”种子，并给予鼓励与热线电话指导，最终使当地利用大棚设施，仿新疆哈密瓜生长环境，早春布种，创新栽培技术，细把每道环节，使哈密瓜从开花到挂果仅用45天。

消息传到远在新疆的吴明珠耳中，她既惊喜又怀疑，实地考察后，高兴地连说“没想到，没想到”，对自己的科研成果更加充满自信。

10余年来，她先后多次来到溧阳田头，指导农民种瓜，被瓜农们亲切地称为“瓜婆婆”。

当然，溧阳瓜农们也不负厚望，每年春、夏、秋3季，全市农民仅哈密瓜单项总效益就超亿元。溧阳哈密瓜先后获得农业部无公害产品、绿色食品、名优农产品等荣誉称号。

一辈子　一件事　一生情

——记中国工程院院士、著名西甜瓜育种专家吴明珠

赵春晖　新华社记者

她，一个简单的人，一辈子只做了一件事；她，一个多情的人，对丈夫、对瓜、对那片戈壁滩，情深义重，痴心不改；她，一位院士，半个多世纪的成果，都留在那片热土上。

她就是中国工程院院士、著名西甜瓜育种专家吴明珠，这位83岁的老人，至今仍坚守在田间地头。

“有人说，我心里只有瓜，我会和瓜说话……是啊，瓜是我的生命，我的人生就是想结几个瓜，把瓜的甘甜献给人民。”1999年，吴明珠这样解读自己的人生。那一年，她成为中国工程院院士。

14年后，吴明珠早已功成名就，每天仍然忙碌在田间地头，摆弄她的瓜，指导年轻人工作。她25岁时来到戈壁滩，与哈密瓜结缘。有了她，一大批濒临绝迹的甜瓜品种被挽救；因为她，哈密瓜产量大增，走上寻常百姓的餐桌。

43 岁之后，她开始“追逐太阳”，奔赴海南，实现了哈密瓜的“南繁北育”，并创造了一年四季快速育种的方法。她将现代育种技术与常规育种技术相结合，选育出一批新品种，把中国特色的甜瓜系列品种和完整的育种创新体系推向世界。

1953 年，23 岁的吴明珠从西南农学院毕业，被分配到中共中央农村工作部。两年后，恰逢新疆维吾尔自治区成立，急需干部，吴明珠主动要求到新疆工作，在她的争取下，被分配到吐鲁番盆地鄯善县农技站。

在吐鲁番盆地特殊条件下生长的哈密瓜，品种混杂，产量低下。而任何一个品种，如果不进行提纯复壮，不进行改良选育，最终都将退化，甚至灭绝。于是，吴明珠开始育种研究的第一步：普查哈密瓜种群，为它建立基本档案。在近 6 年中，她与农技站的同事徒步走了 300 多个生产队，最终，选育提纯出 44 个品种。正是因为有了这些品种，才有了后来大批哈密瓜的新品种。

为了专心搞育种，1983 年，已是吐鲁番地区行署副专员的吴明珠，辞去了领导职务，成为自治区农科院的一名普通研究员。每到甜瓜授粉的季节，吴明珠就蹲在一棵棵瓜蔓前授粉，将雄花摘下，小心翼翼地将花粉抹在雌花的柱头上，用发卡夹住，再挂上注明授粉日期的牌子。蹲下起来，起来蹲下……每天循环往复的高强度劳动，从 20 世纪 50 年代末期，一直持续到她近 80 岁。

数十年的坚持和不懈努力，让她在这个行业取得了重大成就：在世界上首先转育成功单性花率 100%的脆肉型哈密瓜优质自交系，创造出一种新的种质资源。

育种工作极为艰苦，培育一个品种需要 8 ~ 10 年，有的科学家一生只能培育几个品种，而吴明珠却在 50 多年中，培育出 28 个经国家审定的优质瓜种。

“人的一生太短了，怎么才能加快育种速度，把这个周期缩短？”从 1973 年起，吴明珠开始了在海南岛的“南繁”生涯。“别人育种一年搞一代，我们搞三代，甚至四代！”作为一个育种专家，她的职业生涯延长了。一年四季，天天摆弄瓜，瓜棚成了她的家。

为了瓜，她的一对儿女，都是吴明珠的母亲和哥嫂带大的。“没有办法，我要工作啊，怎么带孩子！”吴明珠说。有很长时间，儿子、女儿和她感情不深。

也是因为瓜，和她一起工作的科研队伍里，一群生龙活虎的年轻人成了她的忘年交。在学术和科研上，吴明珠处处给年轻人机会，每到成果鉴定、成果奖励和论文署名时，吴明珠总是将课题组的年轻人排在前面。“吴先生做人、做事、做学问，都给后辈树立了永远的典范。”自治区农科院院长陈彤这样评价。

吴明珠总记起年轻时的情景，那时候，她大多数时间吃住在农民家里。很快，吴明珠就能说一口流利的维吾尔语。人们还给吴明珠起了个美丽的名字——“阿依木汗”，那是维吾尔语“月亮姑娘”。有一次，吴明珠病倒了，维吾尔老乡把两只大公鸡，隔墙扔进她的小院，给她补身体。她总说：“老乡们待我那么好，我就是觉得自己做得不够。”

吴明珠并不是个不懂生活的人，家庭和亲情在她心底分量很重。“我这一辈子，最对不起的就是我的丈夫。”她说。

1958 年，她的恋人杨其佑从北京农业大学研究生毕业，也来到新疆，陪着她在戈壁滩上扎下根。为了支持妻子的事业，他白天工作，下班回家做饭，晚上还要为吴明珠摘录英文、俄文参考资料。有时怕妻子太累了，他甚至会步行十几公里，去帮忙给花授粉。

“那个年代，多艰苦啊！可再苦，我们都挺乐观。”吴明珠回忆道。

1986 年，杨其佑因病去世。他没有官衔，没有职称，离开吴明珠的那年，刚过 57 岁。“他生病时，我陪了半年，尽可能弥补我的愧疚。”吴明珠说。打那以后，吴明珠更加发奋工作，在吐鲁番和三亚两边跑。她说：“我觉得应该做两个人的工作才对得起他。”她不停地工作，不愿意回家。因为，“忙起来，就能把什么都忘了……”

每逢清明扫墓时，吴明珠总会抱着新育出的甜瓜，向丈夫倾诉……

戈壁滩上的“阿依木汗”

——记西甜瓜育种专家吴明珠院士

金振娅、王瑟　《光明日报》记者

她将青春和才华全部奉献给了新疆农业科技事业和边疆各族人民，维吾尔族人民给她取了一个美丽的名字——阿依木汗（意为：月亮姑娘），夸她有着金子般的心肠。

她如今已是耄耋之年，却还承担着科研工作。她与时间赛跑，近60年如一日致力于西甜瓜研究，先后创新培育出28个西甜瓜品种，并挽救了大批濒临灭绝的西甜瓜资源；在国内率先将远地域、多亲复合杂交等常规育种和现代辐照育种、航天育种等技术相结合，构建了我国西甜瓜育种技术平台；在世界上首先转育成功单性花率100%的脆肉型优质自交系并应用于生产，将中国特色的甜瓜系列和完整的育种创新体系推向世界。

她就是中国工程院院士、新疆农业科学院园艺所研究员吴明珠。

每年大多时间都待在种植基地里

在接受记者采访的当天下午5点，吴明珠还要赶往另一个地方，由她主持的国家级课题“甜瓜单倍体和分子标记育种技术研究”要经过审评组验收。当晚，新疆农科院院长陈彤带来了好消息——通过验收。

次日上午，当记者赶往位于吐鲁番的哈密瓜育种基地时，她早在基地门口等候了。吐鲁番和乌鲁木齐有两小时的车程，老人身体不太好，大家顾念着她的身体，早商量好不让她来了。

但是，她还是来了，看着基地里的瓜、抚摸着袋子里的瓜种，自言自语地说：“好久没有回来了。”技术员胡胜群搀扶着老人的胳膊，称呼吴明珠为“奶奶”。她眼圈红红的，说挺长时间没见到奶奶了，奶奶去年生病前，每年的大多时间都待在种植基地里。

是的，不是因为年岁渐高，不是因为身体抱恙，她怎会舍得离开种植基地？熟悉她的人都说，她心里只有瓜，瓜是她的儿子，她会和瓜说话。

“园艺工作者就是在孕育生命”，这是吴明珠常说的一句话，实际上她一直在用行动践行着。她认为，任何一个品种，如果不进行提纯复壮，不进行改良选育，最终都将退化，甚至灭绝。责任感驱使她实施了育种研究的第一步：普查哈密瓜种群，为之建立基本档案。

从1958年夏日开始，吴明珠就凭着一壶水和一块馕，春夏秋冬、风来雪去，用了整整3年时间，普查了300

多个生产队，将全地区的甜瓜资源分类整理成44个品种，为吐鲁番地区的甜瓜建立起基本档案。

她所做的这项基础工作，为新疆甜瓜的发展奠定了坚实基础，被誉为新疆甜瓜品种改良的创始人和奠基者。

与时间赛跑

正如吴明珠的助手伊鸿平所说："老师一辈子都奉献给了甜瓜事业，她不仅仅是用心血育种，更是用情感育种，她的瓜都是有感情的。"

的确，育种很苦，有的科学家一生只能培育一个品种，而吴明珠却培育了28个经国家审定的瓜种。怎么做到的呢？吴明珠认为，科研只争朝夕，要与时间赛跑。由于甜瓜育种对自然气候依赖性很大，一个新品种选育周期一般需要8~10年时间，而人生又有几个10年？为了加快育种速度，缩短周期，她决定"南繁"。

彼时，吴明珠已是新疆吐鲁番地区行署副专员，但最终她还是放弃各种优厚待遇，毅然选择奔赴海南。从1973年起，43岁的她开始了在海南的"南繁"生涯。当时与她先后同来"南繁"的还有中国工程院院士、我国著名的杂交水稻之父袁隆平等科学家。当时的南繁基地设在崖城（三亚）的一个部队农场。杂草丛生的荒地，简陋的干打垒房，条件很是艰苦。

但是，吴明珠眼里却看到了海南秋冬季节气温高、光照充足的特点，适于进行种子繁衍、种质研究、杂交制种等方面的科学实验，这足以令她欣喜。

北瓜南移不是一个小课题，它需要建立并形成甜瓜露地和保护地栽培技术体系。为此，瓜地、实验室、大棚里和显微镜下，年复一年，为了一粒粒种子的生命，吴明珠锲而不舍。最终，她利用生态差异实现了哈密瓜的南繁北育，并创造了一年四季快速育种的方法，填补了我国北瓜南移的空白。

心系边疆百姓

20 世纪 50 年代，吴明珠刚到新疆鄯善时就住在维族老乡家，和他们同吃同住同劳动。心灵聪慧的她，不仅很快适应了当地的饮食习惯，而且还会讲一口流利的维语。

刚开始，吴明珠没种过瓜，有经验的摩沙大爹就手把手地教她；她做试验，没有地，没有种子和肥料，乡亲们就主动帮她解决；当时交通工具匮乏，因路程遥远，她还学会了骑马。就这样，吴明珠把自己所学的技术，一一传给各地的乡亲，指导他们科学种瓜。无论走到哪里，乡亲们都欢迎她。她被这里的一切深深地感动了。

她在给北京男友的信中写道："我爱上了戈壁滩的太阳，爱上了鄯善的瓜。在大戈壁上骑着骏马，我的心情有说不出的激动……"

吴明珠下决心要为这里的老乡们服务。为此，她放弃了中共中央农村工作部的工作，投身于戈壁滩的建设，在这片美丽广袤的土地上一待就是 60 多年！

为了早日培育出高产、优质、抗病、耐储运的新品

种，她整天泡在瓜地里；为观察瓜的生长，竟搬上行李住在瓜棚里。40 年的育种试验，吴明珠有近 30 年是在瓜地、瓜棚和瓜农家里度过的。多少年来，一块馕、一壶茶、一点盐巴的生活常常伴随着她。

是否受农民欢迎和容易推广，成为吴明珠做科学实验的标准。她对收集来的品种进行整理提纯、繁殖推广，推广面积覆盖了全疆主要商品瓜区的 80%，使哈密瓜走向商品化，当地涌现出了一批甜瓜致富村。

她还成立了商品瓜基地和良繁基地，生产出优质的哈密瓜销往全国各地。近年来，选育的金凤凰和仙果等新品种已经远销东南亚、美国和日本等地，成为出口创汇的精品瓜品种。甚至，有些国家称呼吴明珠研制出的甜瓜叫“阿依木汗”。

“她的心里只有瓜，怎样为老乡们增产增收是她的工作目标，她把研究成果都写在了大地上。”新疆农业科学院组织人事处副处长姚艳玲说，即便如此，老人还觉得自己做得不够。

正如吴明珠所说：“我爱戈壁滩这片土地，我是维吾尔族人民的女儿，边疆人民的需要就是我的使命。”

播种甜蜜的“阿依木汗”

钟云华　《经济日报》记者

吴明珠，中国工程院院士，新疆农科院哈密瓜研究中心研究员。最早开始新疆甜瓜地方品种资源的收集和整理，挽救了一批濒临绝迹的资源，并建立了甜瓜育种和无土栽培的技术创新体系。

2013 年 8 月 10 日上午，吐鲁番火焰山下，室外 40 摄氏度高温，新疆农科院试验基地的温室大棚里，83 岁的吴明珠站在一排排袋装甜瓜种子前，乐呵呵地介绍她的甜瓜“孩子”，“这是金龙，外观漂亮，质地松脆；这是皇后，果肉红色，亩产 3 吨左右；这是新红心脆，肉质蜜甜，适合新疆及西北地区露地栽培……”

人们说吴明珠是“西部瓜王”。她选育的甜瓜早、中、晚熟系列品种，以及同行用其亲本所育品种的推广面积，早已覆盖新疆北疆及吐哈盆地主要商品瓜区的 80%，为社会创造经济效益数十亿元。

硕果累累的瓜棚下，是戈壁滩上一条走过57年的奋战之路。这条长路，见证了吴明珠从初入疆时人生地不熟，到能讲一口流利的维吾尔语；见证了吴明珠从梳着两条大辫子的年轻姑娘，到今天华发已生的耄耋老人。一路走来，不变的是一颗播种甜蜜、无悔奉献的赤诚之心，一位维吾尔族乡亲给她起了个好听的名字——月亮姑娘“阿依木汗”。

追寻理想的快乐

回忆往昔，吴明珠总是淡淡地说：“这一生，就是一直没有背叛自己的理想。”

老人一生怀抱怎样的理想呢？

1930年，吴明珠出生在湖北武汉一个教育世家。祖父是留学日本的同盟会员，参加黄花岗起义后，回到武汉兴办教育，希望能以教育救国。她的父亲、叔父也都是当地有名的教育家。吴明珠从小就立下了报国之志，上初中时，她在作文中写道：“长大要为人类作贡献。”父亲启发她：“你靠什么为人类作贡献？要作贡献，首先要学有所长；第二做事要脚踏实地。”

父亲的话像一粒种子，落在她的心里，时光荏苒，生根发芽。上大学后，21岁生日那天，她在日记中郑重写道：“人生最美好的是，你创造出的一切都能为人民服务。”

1953年，吴明珠从西南农学院园艺系果蔬专业毕业，她要求分配到祖国最需要的边疆地区。作为组织重点培养对象的她，却被选送到了中共中央农村工作部。但吴明珠心里总有一个念头在涌动：应该到一线搞科研、作奉献。1955 年，正逢新疆维吾尔自治区成立后向中央要干部，经过几番软磨硬泡，吴明珠终于来到了新疆。到了乌鲁木齐，又是一番软磨硬泡，她一头扎进了条件艰苦的吐鲁番盆地鄯善县。不久，她的爱人杨其佑研究生毕业，也放弃了在校当助教的机会，来到鄯善县农机站工作。

追寻理想的快乐，总是伴随着荆棘羁绊和风沙磨砺。到新疆之前，南方姑娘吴明珠从没尝过羊肉的滋味。初到鄯善农家，老乡端上一盘香喷喷的手抓羊肉，吴明珠夹一块放嘴里，忍不住跑到门口吐了出来。不过，倔强的她擦干眼泪，回来接着吃。“现在，我觉得新疆的羊肉比什么都好吃。”

“火洲”吐鲁番有一个中国最热的地方——火焰山，夏季的热浪，连来自“火炉”武汉的吴明珠也热得受不了。1958 年夏天，她来到火焰山口峡谷地带的吐峪沟蹲点，这里晚上气温不低于 40 摄氏度。当时她正怀着孩子，只能一夜一夜在床上“翻煎饼”中慢慢适应。她还有个得意的“小发明”：当时照明用的蜡烛，往往在高温中倒伏。她试着把碗扣在一盆水里，再把蜡烛放在碗底上，“蜡烛居然从此腰杆挺直了！”

“到新疆，我们一直潜心培育甜瓜新品种，就是为了让农民增收致富。”朴实的话语道出吴明珠内心追求。育种是一项艰苦的连续性工作。从 1958 年起，吴明珠经年累月，顶着风沙烈日，奔走在人迹罕至的戈壁沙漠。艰辛的汗水，浇开了沙漠里的甜瓜花，她和同事们的科研成果，一个接着一个地涌现出来。

几十年了，吴明珠心中始终只有瓜，把个人的一切看得很淡。“孩子从小由母亲和嫂子抚养长大，他们一直管舅母叫妈妈……”每每谈到这些事，吴明珠总会流露出一丝遗憾。最让她伤心的是，1986 年 4 月，她深爱的丈夫杨其佑胃癌再次发作，离开了人世。悲痛万分的吴明珠手拉着手地对临终前的丈夫说：“都怪我，老下乡，没能照顾好你……”

尽管有这样那样的遗憾，但吴明珠不后悔。“我是一个很单纯的人，认准的事会坚持到底，事业没做完，我不会停下来。人有追求就会活得开心！”话音刚落，朴实灿烂的笑容又涌现在她的脸庞。

实现创新的底气

科技创新是在充满奥秘的迷宫中摸索，没有树立强烈的创新自信，不敢置疑现有理论，不能开拓新的方向，就不可能在攻坚克难中追求卓越。创新自信是科技创新的最强底气、力量源泉。

科学育种的第一步应该普查种群。怀着义不容辞的责任感和对科学育种的创新自信，吴明珠开始普查哈密瓜种群，为它建立基本档案。哈密瓜是甜瓜的一种，吐鲁番是著名的瓜果之乡，但长期以来，这里的哈密瓜处于一种小农经济的自然生长状态。要在广袤的甜瓜产区搜集到理想的品种，犹如大海捞针。

从1958年开始，吴明珠就默默立下了科技创新的坚定信念，带上一壶水、一块馕，面对茫茫戈壁，头顶风沙烈日，一块地一块地普查，一个生产队一个生产队地跑。春夏秋冬、风霜雨雪，整整用了3年时间，她走遍了300多个生产队，将全地区的甜瓜资源分类整理成44个品种。从此，吐鲁番的甜瓜有了基本档案。

“这是一个物种宝库，一定可以选育出优质新种！”事实证明，这个自信是可靠的。吴明珠从收集的优良材料中，系统选育提纯了红心脆、香梨黄、小青皮、阿拉伯克扎尔德等品种，特别是红心脆，远销香港30年不衰。这些品种，后来都成为最佳育种亲本。她所做的这项基础工作，为新疆甜瓜的发展奠定了坚实的基础，吴明珠也被誉为新疆甜瓜品种改良的创始人、奠基者。

对经验的质疑，往往是创新的开始。哈密瓜在新疆有1000多年栽种历史，民间代代相传的种植技术，究竟是不是最优方案？吴明珠科学育种研究的第二步是科学育瓜，保证哈密瓜增产增收，及时开发新品种。在这个阶段，她遇到了这个命题。

吴明珠开始在农民中推广科学栽瓜技术。然而，人们习惯了民间栽培方法，有些信不过她。在鄯善县城郊大队有名的种瓜把式摩沙大爹的帮助下，吴明珠在他的瓜地对面开出三亩荒地，和大爹打起科技“擂台”。大爹用传统方法栽种瓜苗，她用大学里学的理论知识管理瓜田。秋天到了，她的瓜地被踩出一条小径，大爹面对

一拨拨参观的乡民，不停地夸吴明珠种的瓜好吃，产量多，一个劲地嚷："还是科学种瓜亚克西！"从此，乡亲们对她这个穿学生装的女技术员刮目相看了。

渐渐地，吴明珠有了实验室，有了实验田，有了科研队伍。吴明珠一边指导农民种瓜，一边在国家级、省级专业期刊上发表了《吐鲁番盆地厚皮甜瓜品种资源及其利用》、《新疆厚皮甜瓜开花习性与人工授粉技术研究》、《大洲一号西瓜亲本选配及其育种方法》、《新疆厚皮红心脆品种的利用与改本》等20多篇学术论文。

吴明珠说，"园艺工作者是在孕育生命"。她开创的甜瓜育种事业，挽救了一批濒临绝迹的物种资源，研制出甜瓜优质品种，促进了哈密瓜优种优质大面积种植，哈密瓜从此"飞入寻常百姓家"。

终生难忘的乡情

吴明珠常说，她忘不了新疆农民给予她的关心和热爱，边疆地区浓浓的乡情滋润着她，鼓舞着她，她要报答，要用一生辛勤的工作，回报终生难忘的乡情。

一件件往事，吴明珠铭记终生：1957年春天，她和村里的维吾尔族瓜农到距县城30多公里的沙山下搞育种试验。一天下午，她正检查瓜情，县委通讯员骑马来叫她去县里开会，来不及告诉大家，她跳上马就进城了。第二天中午，她开完会回来，一进瓜棚，小伙子们看到她都欢叫着跳起舞来。他们说："你昨晚没回来，大伙儿急坏了，点着火把找了半夜，怕你被狼吃了，正要到县里去报告哩！”吴明珠感动得一边跳舞，一边流泪。

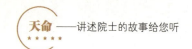

1972年春天，她到吐鲁番红旗公社蹲点，甜瓜育种中断了好几年，她心里着急，便把试验种子都种了下去。当瓜苗长到4至5片真叶时，一天中午狂风大作，伸手不见五指。大队回族支书沙伦来了，“这风不会长，你安心待着！”说完走了。风越刮越猛。“看来10多年的心血全完了”，吴明珠欲哭无泪。黄昏时门外滚进来一个人，浑身是土，原来是农民试验小组的组长。他说，“沙伦支书叫你放心睡觉，20亩的瓜苗子，全部用湿沙埋好了”。吴明珠忙问：“沙伦书记呢？”组长回答：“他坐在瓜沟里累得回不来了。”

“50多年来，这样的事情太多太多了。”吴明珠说：“我和维吾尔族群众关系很好。一到鄯善，我便住进维吾尔族兄弟家里，和他们同吃同住同劳动。我学会了割麦子、锄棉花、赶毛驴车、修马拉条播机，什么农活都会干。”

“为了方便工作，我学会了维语。维吾尔族老乡很喜欢我，给我取了一个美丽的名字——阿依木汗，就是‘月亮姑娘’的意思，夸我有金子一般的心肠。我用科学方法教他们种瓜，他们学得非常认真。无论我要在哪块地上搞试验，乡亲们都支持我。当时哪有什么科研经费呀，用的是老乡的地，老乡的种子，老乡的肥料，全靠老乡支持啊！”

“我帮助维吾尔族乡亲用科学方法种瓜，还培养了许多维吾尔族农技干部。维吾尔族干部克来木以前只会

种葡萄，不会种瓜。20世纪70年代初，跟着我一起搞试验地，种了6年瓜。开始他听不懂汉语，我就用维语教他。克来木后来成为了吐鲁番市农技站的农艺师，到处讲技术课。”

在吐鲁番的实验基地温室大棚，面对一排排袋装甜瓜西瓜种子，吴明珠说，“奉献”这两个字，是20世纪五六十年代援疆知识分子共同的心声和精神。这个价值观她会永远坚守。

采访感言

令人崇敬的基石

“吴明珠、杨其佑是一代建设新疆的知识分子的代表，是我们共和国的基石。”“他们是那样坚硬，那样朴实，不图名，不图利，踏踏实实地把自己压在最底层。”这是1998年7月《科技日报》记者郭梅尼在报道中对吴明珠发出的由衷感慨。在新疆采访，吴明珠的许多同事、朋友和学生，都向我们反复提及这两句话。

走戈壁，穿沙漠，钻温棚，一路采访，追寻吴明珠的足迹，我们感受到，她57年如一日的“铸石”壮举，离不开理想信念的引力，离不开创新自信的推力，离不开感恩图报的动力。

在大学里，她写下：“人生最美好的是，你创造出的一切都能为人民服务。”是理想信念的引力，让她在穿越漫漫人生路的荆棘、风沙中，不觉其苦，反觉其乐。她说，人有追求就会活得开心！

是什么力量推动她走遍300多个村庄，历史性地整理出44个品种的吐鲁番甜瓜基本档案？是什么力量推动她敢于质疑已有1000多年历史的哈密瓜传统种植技术？是创新自信的推力，让她在步履蹒跚探索科学迷宫中攻坚克难，追求卓越。她说，要在事业上有所成就，必须要有信心！

维吾尔族老乡叫她月亮姑娘“阿依木汗”，夸她有金子般的心肠。边疆地区浓浓的乡情滋润着她，鼓舞着她。是感恩图报的动力，让她扎根西北边陲的最基层，奉献青春，艰苦创业，绽放风采。她说，要用一生辛勤的工作，回报终生难忘的乡情！

吴明珠：一生奉献给戈壁滩育瓜研究

韩秀　中央人民广播电台记者

1955年，吴明珠主动放弃了人人羡慕的中央农村部工作，来到新疆工作。在漫长的岁月中，这位出生于武汉的南国姑娘褪去了往日的娇气，在这块广袤的土地上扎下了根，一待就是四十多年。对吴明珠来说，家只是过路的旅店，一年中的大部分时间她都在实验基地和瓜棚里住着，80岁的时候还工作在一线。

“我最高兴的时候就是看到这个瓜在农民地里长的特别好，我就觉得就像自己的孩子一样，它能为人民服务。”

吴明珠对待她的瓜像孩子一样，却因忙于工作而无法照料自己的丈夫和孩子。丈夫杨其佑因为吴明珠长期下乡，没法照料而将胃搞坏，年仅57岁因胃癌去世，留给吴明珠难以弥补的遗憾。

“家庭呢各方面损失比较大，单从我的孩子来说，我要工作，我没办法带他们。这个我自己也能想得开，既然你为了事业必然有所得有所失。我觉得我的天地比那个更大。”

吴明珠：把甜美的事业写在大地上

李禾　《科技日报》记者

2013 年 8 月 9 日，在新疆农业科学院，中国工程院院士吴明珠留给记者采访的时间并不多，因为两小时后，她负责的“甜瓜单倍体和分子标记育种技术研究”项目专家验收会就要召开了，83 岁的吴明珠还在修改汇报材料……

吴明珠，1953 年毕业于西南农学院，1954 年到中央农村工作部，1955 年自愿要求到新疆吐鲁番地区工作。她主持选育经省级品种审定或认定的甜瓜、西瓜品种达30个，推广面积覆盖全疆主要商品瓜区 80%。在国内率先应用远生态、远地域、多亲复合杂交等常规育种，并与现代辐照育种、航天育种、转基因育种等技术结合，构建了国内领先的西瓜、甜瓜育种技术平台。在世界上首先转育成功单性花率 100% 的哈密瓜型自交系，并建立起无土栽培体系，使哈密瓜摆脱气候、地域和季节限制，成功“南移东进”，种植区域扩展到海南、江苏、浙江、上海等省区。

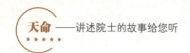

新疆甜瓜品种改良的创始人和奠基者

在武汉长大的吴明珠大学毕业后到中央农村工作部工作。1955年，新疆到中央要干部，得知这一消息，她立即向领导表明心愿，要求到祖国西北边陲工作。“我有为事业和边疆贡献终身的愿望，也有这个信心。”吴明珠说。

到新疆后，她先被分配到乌鲁木齐地委农村工作部，但这不合乎她的心愿。她借下乡的机会来到鄯善县，当时鄯善是吐鲁番地区最贫困的地方，但吴明珠把根扎在了这里。经多次恳求，1956年吴明珠终于调到了鄯善县农技站，在火焰山脚下开始了她毕生为之奋斗的西瓜、甜瓜育种事业。

育种是一项艰苦的连续性工作，最重要的准备工作是收集地方品种。20世纪五六十年代的新疆，哈密瓜还处于小农经济的自然生长状态，吴明珠想在偌大的哈密瓜产区收集到足够理想的地方品种，无异于大海捞针。于是，从1958年开始，她长年奔波在人迹罕至的戈壁沙漠，带着一壶水一块馕，在风沙烈日下四处打听哪里的瓜好。只要一听说哪里有好品种，无论多远，她都亲自去看，然后自己掏钱买回瓜种。因此，每到瓜熟时，她的工资很快就用完。

“有一次听老乡说，有种叫阿依斯汉可可奇的瓜，品质特别好。这就是后来在香港市场畅销的红心脆，传

说一个瓜能换一块手表。”吴明珠听说鄯善底坎儿乡瓜的品质特别好，可能会有阿依斯汉可可奇，就跟同事去收集。

从农技站到底坎儿乡要走几百里，夏季的火焰山，寸草不生，在烈日下就像烧着了似的。一望无际的大戈壁滩，烫得连毛驴都不敢下蹄子。吴明珠他们走着走着天就黑了，大戈壁的夜晚有很多狼群，非常危险。幸好路上有个烧窑的，他们就跟烧窑老乡借了条毡毯，在露天地里睡了一夜。

在走了近三天后，吴明珠终于在底坎儿乡找到了一个阿依斯汉可可奇，不光收了种子，还发现了另一种叫巴登的瓜，风味特别好。“我们抱了一个很大的巴登瓜回来。”吴明珠乐呵呵地回忆道。

直到 1962 年年底，在同事帮助下，吴明珠把吐鲁番地区所属三县的所有农家品种收全，并从 100 多份材料中观察整理出 44 个地方品种和 1 份野生甜瓜。接着，她从收集的优良材料中，系统选育、提纯了红心脆、香梨黄、小青皮等品种，特别是红心脆，远销香港长达 30 年不衰。这些品种也都成为最佳育种亲本。而吴明珠所做的这些基本工作，为新疆甜瓜发展奠定坚实基础，她也被誉为新疆甜瓜品种改良的创始人和奠基者。

辛勤培育为了让瓜农致富

吴明珠会说一口流利的维语，维族老乡还给她取了一个美丽的维族名字“阿依木汗”。这是“月亮姑娘”

的意思，夸她有金子一般的心肠。

吴明珠跟维族老乡感情特别好。她一到鄯善就住进维族老乡家，同吃同住同劳动。刚开始，吴明珠没有种过瓜，有经验的摩沙大爹就手把手教她。她还跟摩沙大爹一起搞了块试验田，按照书本上学到的知识，用千分之一的硼酸浸种、催芽，结果苗出得又早又壮，附近的乡亲们都来参观学习。

“后来，我要在哪块地上搞试验，乡亲们都支持我。当时哪里有什么科研经费，都是乡亲们出的地、种子和肥料。”吴明珠说。

通常育一个品种需要经历 8 ~ 10 代，数年时间。为了尽快培育出好瓜，让乡亲们增收致富，吴明珠全身心投入到育种中。每天早上不到 7 点，她就来到瓜地，跪在地上给花一朵朵授粉，晚上 10 点多才回去。烈日下的火焰山，气温高达 40 多摄氏度，炎热和劳累让有的年轻人都中暑了，但吴明珠五十多年如一日的辛勤工作，就像在炼丹炉里炼就了一身钢筋铁骨。

吴明珠的辛劳结出了丰硕的果实，由于甜瓜品种更新，提高了商品瓜品质、抗病性和耐运性，延长了优质瓜的供应期，很多瓜农种瓜致富了。在鄯善、吐鲁番一带，涌现出了一批甜瓜致富村。

吴明珠先后取得国家各部委和自治区科技成果 32 项，曾获自治区科技进步特等奖、国家科技进步奖等，她还荣获过“全国十大杰出专业技术人才奖章”、“全国三八红旗手”、全国“五一”劳动奖章等。

对家人有悔恨，对事业没遗憾

吴明珠在事业上收获良多，但她付出的更多。

她怀第一个孩子时，正在火焰山中间的吐峪沟蹲点。走廊上的温度计都到了 50 摄氏度，吴明珠晚上还要点蜡烛整理材料。怕蜡烛热化了，必须把它放在水盆里。怀孕反应厉害，吴明珠瘦得只剩 70 多斤，照样骑毛驴过大戈壁。中午太热，只得坐在水渠边，把双脚泡在水里……孩子生下来不到 3 个月，便让母亲带回老家抚养。由于忙于工作，无暇照顾孩子，孩子与她感情比较疏远，管舅妈叫妈妈……

不过，吴明珠说，她这辈子最悔恨的事情是没有照顾好她的丈夫杨其佑。杨其佑是北京农大小麦专家蔡旭的研究生。在那个时代，研究生可谓是凤毛麟角。杨其佑研究生毕业后分配到中国农科院，但这时吴明珠已经到了新疆。

吴明珠给杨其佑写信道："我爱上了戈壁滩上的太阳，爱上了鄯善的瓜……你不来新疆，我也不回来……"为了跟吴明珠团聚，杨其佑主动放弃北京的工作，来到新疆大学任教，随后又申请调到鄯善县。在那个艰苦的年代，杨其佑常常冲点苞米花当顿饭，喝点酱油汤当菜。而吴明珠一下乡就一个多月，也没有时间照顾他，长期营养欠缺，为杨其佑的胃病留下了隐患。

1982 年，为了照顾孩子，杨其佑调回江苏省农科院工作，在一次出差中患胃穿孔，动手术时发现了癌变。组织上建议吴明珠调回南京，可吴明珠放不下她的西甜瓜事业，没有离开。

1985 年年底，杨其佑癌细胞扩散，胃癌晚期，吴明珠在医院里陪护了半年。“为了他的病，我看了很多很多书，想了很多很多办法，都无济于事。”

杨其佑去世 5 天后，吴明珠就回到了新疆农科院，很快到海南岛基地工作。“从那以后，我更发奋工作，每年搞三季育种，吐鲁番、海南岛两头跑。我要把老杨的那一份工作也完成了才对得起他。”吴明珠说，一个人干两个人的活，干出两个人的成绩，她做到了。因此，她心里有悔恨，但没有遗憾。

吴明珠：播种甜蜜

陆琦 《中国科学报》记者

8 月，素以火洲著称的吐鲁番，宛若一口蒸锅，热气逼人。

中国工程院院士吴明珠从乌鲁木齐赶到新疆农科院哈密瓜研究中心吐鲁番基地时已是正午，没等歇歇脚，便一头扎进了育种大棚。

“回到老家了！”老人抚摸着刚刚摘下的西瓜、甜瓜，眼里尽是欣喜和痴迷，全然不顾额头上滴下的汗珠。

吴明珠是新疆西瓜、甜瓜育种事业的开创者，虽已年过八旬，但依然活跃在科研一线。“我觉得工作到 90 岁没问题。”吴明珠希望培育出更新更好的品种，贡献给世界人民。

“我的事业在新疆”

1955 年，毕业于西南农学院园艺系的吴明珠志愿来到新疆，先被分配到乌鲁木齐地委农村工作部，她不满意，一再要求到生产第一线去，后调到鄯善县农技站。从此她就成了鄯善人，在火焰山脚下开始了她毕生为之奋斗的西瓜、甜瓜育种工作。

谈起自己的事业，吴明珠总是说，“课题小组的同志特别辛苦”，“领导很支持我”，“群众对我特别支持”……接着，便会讲出许多群众多么支持她的故事。

刚到鄯善时，吴明珠就住在维族老乡家，和他们同吃同住同劳动。这个南方姑娘，很快学会了吃羊肉、吃干馕，练就一口流利的维语。她没种过瓜，有经验的摩沙大爹就手把手地教她；她搞试验，没有地、没有种子和肥料，乡亲们主动帮她解决。

维族群众支持吴明珠搞科学实验，吴明珠把科学技术悉心传给维族群众，指导他们科学种瓜，还为这里的乡亲们培养了许多少数民族技术干部。

吴明珠几十年如一日地工作，勤勤恳恳，不辞艰辛，给火洲人民留下了深刻的印象——他们看在眼里，佩服在心里。她走到哪里，哪里的人们都欢迎她。维族老乡还给她取了一个美丽的名字——阿依木汗（月亮姑娘），夸她有金子一般的心肠。

从梳着两条大辫子的姑娘，到今天年逾八旬的老人，吴明珠在新疆戈壁滩上奋战了近60年。容颜易改，不变的是一颗为了西瓜、甜瓜事业无怨无悔奉献的心。

“瓜就像我的孩子”

育种是一项艰苦的连续性工作，它的前期准备工作首先就是收集地方品种。20世纪50年代，新疆哈密瓜还处于小农经济的自然生长状态，吴明珠要在偌大的哈密瓜产区收集到足够理想的地方品种，无异于大海捞针。

从1958年开始，她就凭着一壶水和一块馕，顶着风沙烈日，长年奔波在人迹罕至的戈壁沙漠里。只要听说哪里有好的品种，无论有多远，她都要亲自去看一看，然后想办法自己掏钱买回来。这样一来，每次等到瓜熟的时候，她的工资也就用完了。

吴明珠和同事常常要穿过火焰山和大戈壁，到百里以外的地方去收集品种。尤其在夏季，那一望无际的大戈壁，像炼丹一样，烫得连毛驴都不敢下蹄子。有时还会迷路；有时天太黑，怕遇到狼，就向路边烧窑的人借条毡毯，露天睡上一夜。

到1962年年底，吴明珠在同事的帮助下，把吐鲁番地区所属三县（鄯善、吐鲁番、托克逊）的所有农家品种都收集全了。

她从收集的优良材料中，系统选育提纯了红心脆、香梨黄、小青皮、阿拉伯克扎尔德等品种，这些品种后来都成为最佳育种亲本。

“我最高兴的时候就是看到我培育的瓜在农民地里长得特别好，就像我自己的孩子一样，它能够为人民服务，为人民的生产服务。”吴明珠对收集来的品种进行整理提纯，繁殖推广，使哈密瓜从小农经济走向商品化。

吴明珠不只是在实验室里搞研究，从选种、播种、打埂、铺地膜、授粉，到考种、鉴定品样、测糖度，每道工序都亲自动手，样样都是行家。

从20世纪60年代至今，吴明珠先后选育出经过省级品种审定的甜瓜和西瓜早、中、晚熟配套品种30多个，推广面积覆盖全疆主要商品瓜区的80%，实现了这些地区甜瓜品种的第一次更新，提高了商品瓜的品质、整齐度、抗病性和耐运性，延长了优质瓜的供应期。许多瓜农尝到了甜头，在鄯善、吐鲁番一带，涌现出一批甜瓜致富村。

将甜蜜事业进行到底

吴明珠把自己最美丽的青春和大半生的年华都奉献给了戈壁沙漠中最甜蜜的事业。

除了常规育种之外，她在国内率先将远生态、远地域、多亲复合杂交、回交等常规育种与现代辐照育种、航天育种、转基因育种等技术相结合，构建了我国领先的西瓜、甜瓜育种技术平台；利用生态差异，长期在新疆和海南进行南北选育，创造了一年四季高速育种的成功实践；在世界上首先转育成功单性花率100%的脆肉型优质自交系，并建立起脆肉型无土栽培体系，将大陆性气候特产哈密瓜的种植成功南移东进。

她下一个攻关课题是，培育出适合肥胖病人和糖尿病人食用的低糖型酸甜瓜以及让人更有食欲的花条瓜。

如今，年过八旬的吴明珠依然活跃在田间地头和实验室里。为了给花授粉，她和课题组的年轻人一起，在地上一蹲就是几个小时，40 多摄氏度的高温，有的年轻人都中暑了，老人却依然坚持工作。

在新疆近 60 年，骑车、骑毛驴、骑马，她样样行；戈壁滩的狂风、火焰山的烈日、疾病、车祸，什么艰难困苦都摧不毁她。

她的两个孩子从小由外婆和舅母抚养长大，他们一直管舅母叫妈妈；她深爱的丈夫身患癌症，早早离她而去……每每谈到这些事，吴明珠总流露出一丝遗憾，但她从未后悔。“我认准的事便会坚持到底，事业没做完，我不会停下来。一点困难就退缩，肯定成不了事，必须要有为事业奋斗终身的信念。”

中国工程院院士吴天一 / 温家林■摄

郭红松■绘

吴天一

吴天一（1935.6.25—）环境医学（高原医学）专家。出生于新疆维吾尔自治区伊犁地区，原籍新疆维吾尔自治区塔什库尔干。1956 年毕业于中国医科大学。半个多世纪在青藏高原从事高原医学研究。在人类高原适应学科领域，开拓了“藏族适应生理学”研究，通过对不同海拔和不同群体的大量对比，提出了机体对高原低氧适应依靠器官水平功能适应和细胞水平组织适应两种途径的论点，引起国际高度关注。在国内首次组织国际阿尼玛卿山学术登山队，获取大量高山生理学资料，获得国际贡献奖。对发生在青藏高原的各型急、慢性高原病从流行病学、病理生理学和临床学作了较系统的研究。所提出的慢性高山病量化诊断标准被接纳为 ISMM 国际标准。青藏铁路建设期对 5 年 14 万大军高原病零死亡作出重大贡献；2010 年玉树地震中高原地震的医疗救急发挥了重要作用。2001 年当选为中国工程院院士。

青藏高原——我科研生命的根

我所追求的境界

有不少人问我，你为什么不和在美国的父母亲人团聚，你妹妹也为你办好了绿卡，而偏偏死死地缠住青藏高原？

也有人问我，你有一次转业的机会，为什么不和妻子去到山清水秀的无锡，而偏偏要坚定地留在青藏高原？

还有人问我，在数十年险象环生的高原科研生涯中，你14处骨折，两眼百内障，鼓膜被击穿，为什么还深深地依恋着青藏高原？

要知道，半个世纪，这里的土地，我几乎走遍，这里的人民，和我血肉相连，我已和他们融为一体，我就是这片土地和人民之子。

每当我从那高山雪岭获取大量最珍贵的高原科研资料，就好像三江源之水，永不枯竭，我感到欣慰；

每当我攻克了一个个高原缺氧带来的人类健康问题，就好像屹立在珠穆朗玛，我感到荣幸；

每当我站在国际会议论坛上，代表我国发表青藏高原关于高原医学研究成果的演讲，我感到骄傲。

我是站在世界屋脊上，祖国就在我身后。

这，就是我所追求的境界！

吴天一

吴天一：青藏高原给了我一辈子

余建斌 《人民日报》记者

76 岁高龄的中国工程院院士、我国低氧生理和高原医学的主要学术带头人吴天一，被青藏高原人民亲切地称为“马背上的好曼巴（好医生）”。在 50 余年高原医学研究生涯里，他的身上有多达 14 处骨折，双眼在 40 多岁就罹患白内障，更是在亲自试验高低压氧舱中被击穿耳膜。但这些都不能阻止他走遍青海、西藏、甘肃等大部分高海拔地区，开拓了“藏族适应生理学”研究；在青藏铁路修建期间，他制定了一系列劳动保护和高原病防治措施，对保证 5 年里 14 万筑路大军高原病零死亡起到了重要作用。

见到吴天一的时候，这位 76 岁、塔吉克族唯一的院士，刚从海拔 5600 米的珠峰基地营下来，回到青海西宁的高原医学科学研究院。礼帽、墨镜、皮夹克、皮靴，加上一副晒红了的面孔，像个洋气的藏民。

“打算在珠峰建个站。”这个中国高原医学领域的开拓者换上白衬衫把袖子一卷，露出这个年纪少有的结实肌肉。

他随即问我们：“喝水了吗？到了高原一定要多喝水，降低血液黏稠度。高原病的原因除缺氧外，另一个原因就是高原太干燥，人缺水，导致血液变得黏稠了，不利于循环。”

对初次相识的人，吴天一迅速地说了一遍自己的塔吉克族名字：依斯玛义尔·赛里木江，别人还没回过神来时，马上笑着说，名字长，所以父亲给他取汉名时，就用了两个简单的字。这个名字，几十年来在青藏高原很出名，三江源头、阿尼玛卿山下，星星点点撒落在高原上的帐篷里，只要他策马出现，人们都会高兴地迎接这个“马背上的好曼巴（好医生）”。

对14万“天路”的筑路大军来说，吴天一的名字更像“保护神”一样熟稔，每人有一本他编的高原病防护手册。在他的指导下，青藏铁路5年建设，这10多万人没有一个人因为急性高原病而倒下，这是海拔4500米以上大群体高强度作业的奇迹，也是“高原医学史上的奇迹”。

“粉身碎骨”和“狼眼睛”是他的军功章

据说吴天一是个“粉身碎骨”的人，还有一双“狼眼睛”。我们向他求证。

“粉身碎骨大概是说我在高山多次车祸有14处骨折，狼眼睛是说我的双眼因高原强烈的太阳辐射导致白内障装了人工晶体，到夜里就发绿。”他指了指耳朵，鼓膜被低压舱试验多次压力变化打穿过。

“我也会有高原反应，除了世代居住在藏族聚居区的人，从平原上来的人，到了海拔3000米以上，都会有反应，头疼心慌。”2010年青海玉树地震，是世界最高海拔地震，当时70多岁的吴天一多次请命赶赴地震灾区，一面组织抢救伤员，一面救治从平原来的救护队员，并四处讲授高原病防护知识，直到深夜。

吴天一对我们说，藏族同胞很厉害，你看他们脸蛋红扑扑的，就是常说的“高原红”，其实并不是晒红的，那是因为大量毛细血管增生，使血氧可以四通八达运到组织，内脏的血管也是一样，这是藏胞在高海拔地区健步如飞、如履平地的原因。

为了找到科学证据，吴天一做了青藏高原藏族人群“高原低氧适应生理特征”课题，为此他学会了藏语，从20世纪80年代开始，走遍了青海、西藏、甘肃、四川、新疆西部的大部分高海拔地区，收集了数百万份科研资料，为他的创新性论点打下坚实的基础。

“如果你问我西宁的哪条街道，我可能不知道。但你要问高原的某个县某个乡在哪儿，海拔多高，我都会告诉你。”吴天一很自信。

他身上的14处骨折，就来自调查中遇到的多次路途险情。其中最严重的一次是四根肋骨骨折，一根肋骨差点就戳入心脏。很多时候，吴天一和队员们在零下30多摄氏度的三江源头，蜷缩在单薄的帐房里，饿了就割下冻成冰坨子的羊肉直接吞食，渴了向牧民要点茶喝。更多的时候，是骑着马，赶着驮着仪器和行李的牦牛，在雪山草地孤单行进。

牧民们散居，从这家帐篷到那家帐篷，调查队员常常要骑马走上 30 公里。很多时候，吴天一就说，我是塔吉克的好骑手，烈马我骑，最远的路我去。

“虽然艰苦，但不这么做，拿不来材料，做不了别人做不来的东西。”1985 年，他第一次提出了藏族在世界高原人群中获得“最佳高原适应”的论点，从科学上证明“居住高原历史最长的藏族已建立起最完善的氧传送系统和最有效的氧利用系统，表现为对氧的利用更充分、更经济、更有效，这是长期‘自然选择’遗传适应的结果。”

至于狼眼睛，他提议可以晚上来亲眼目睹一下。原来，他在阿尼玛卿山海拔 4660 米到 5620 米做了 5 年的高山生理研究，时间一长，在强烈的紫外线作用下，他在 40 多岁时两只眼睛都患了白内障，手术治疗植入了人工晶体。一到晚上，眼睛就发绿光，看着犹如一双狼眼睛。

亲身实验氧舱，耳膜多次被击穿

20 世纪 90 年代初，吴天一设计的大型高低压综合氧舱建成了，这个舱上可升至海拔 1.2 万米，下可降至水下 30 公尺，对高原研究十分重要。动物实验已先进行没问题，但人体实验谁第一个进舱，有风险。“我设计的，谁进？肯定是我进。”吴天一请来海军总医院的工程师来操作这个新设备。

“当时到了海拔 5000 多米下降的时候，压力下降速度太快，我突然头疼，耳朵里嘣一下，就什么都听不见了。”吴天一出舱后，那个工程师不住地道歉：“忘了，把你当歼击机飞行员了。”

最近一次鼓膜击穿是在 2011 年，已经 70 多岁的吴天一为了完成一项国际合作项目，坚持和国外同行一起进舱，早上 7 点半进，晚上 11 点出来，连续 15 个小时，持续十来天。中间有一次，鼓膜又被击穿。

“我说话大声，是因为我听力不大好，也怕你们听不见。”他向我们露出俏皮的神情。

氧舱实验的结果派上了大用场。在青藏铁路建设中，吴天一就提出在铁路沿线建设供氧站、高压氧舱，这是解救急性高原病人的最佳办法。

半个世纪，没有离开过青藏高原

“塔吉克的好骑手？没错。”他对我们说，“不管你信不信，我的马术比医术出名。”会骑马，马术高超，对他在高原驰骋帮助很大，“有 10 多年，我一直在马背上，仪器设备、发电机，都在马背上。”吴天一总要挑着质量好的皮靴买，那几年，他两、三个月就要换一双靴子。

骑马蹚过高山的河流，须中午前过，否则太阳一晒，雪水融化，小河变大河，水流湍急，牦牛也会被冲走，牧民都不敢过。但有一两次，因为情况紧急，吴天一一人骑马蹚过了险恶的大河，完成了急救任务。

“在阿尼玛卿山科考时，辛辛苦苦花了几天艰苦跋涉到雪山乡，那些冰雪之路，总要过去。我马术好，就第一个骑马探探路，看能过不能过。”过河时，吴天一叮嘱调查队员们每个人看着前面的人的后脑勺，“否则看着湍流就看晕了。”

1990年，吴天一组织中日联合阿尼玛卿山医学学术考察队，45天里，科研队从海平面的日本，到海拔2261米的中度高原，再到3719米、4460米的高原，最后在海拔5000米和5620米的特高海拔建立高山实验室，获取大量珍贵的特高海拔人类生理资料。

阿尼玛卿山，藏语里是指“黄河边上的爷爷山”，海拔6282米。阿尼玛卿山考察的最后阶段，由于日本队员是海平面民族，对缺氧敏感，大多发生了明显的高原反应，当吴天一商议向特高海拔突击时，日本队员放弃了。吴天一继续带着中方队员向高海拔进军，海拔5000米以上每上升50米，就对人的心肺功能和对氧气的利用率等进行记录，并在海拔5620米建立高山实验室，获取了大量宝贵的高山生理资料。这次考察所得的科学资料，由于获得了特高海拔人体生理适应及急性高山病发病机制的新的成果，他被国际高山医学协会授予“高原医学特殊贡献奖”。

20世纪50年代，大学毕业，吴天一从学校走到朝鲜战场，之后他又走到青藏高原，从此半个世纪没有离开过。吴天一说，他总觉得，青藏高原太浩瀚，他自己太渺小了。“好像是我为青藏高原奉献了一辈子，其实是高原给了我一辈子。”

雪域高原上的生命守望者

——记中国工程院院士、高原医学专家吴天一

王大千　新华社记者

身材清瘦、头发花白、面庞上刻着深深的皱纹……77岁的吴天一看上去和普通的古稀老人没什么两样。然而，跟随他爬楼梯到青海省高原医学研究所四楼的实验室，却发现他步伐矫健，说起话来嗓音铿锵响亮，思路清晰。

50多年来，这位塔吉克族学者正是凭借这矫健的步伐走遍了世界屋脊的每一座山峦，以敏捷的思维一生致力于低氧生理和高原医学研究，填补世界高原医学研究的空白，构建起高原生存安全的科学体系。

20世纪30年代，吴天一出生在新疆伊犁一个塔吉克族知识分子家庭，1951年以优异的成绩考入中国医科大学，毕业后加入中国人民志愿军在朝鲜平壤医院工作。1958年，他响应祖国号召来到青海。

初到青海，他惊叹于雪山草原的奇丽壮美，但也很

快出现了心慌、胸闷、头痛欲裂等高原反应。他目睹了很多踏入青藏高原的建设者因不适应高原环境而相继病倒，甚至献出了生命。

“青藏高原低氧、低压的恶劣环境阻碍着人类开发高原的步伐，也时刻威胁这里居民的生命健康和安全，这是我矢志高原医学研究的动因。”吴天一说，当时国内对高原病认识不清，我国医学研究领域尚属空白，国际高原医学领域只有外国人说话的局面让他十分感慨。

为缩短与国际的差距，吴天一用 12 年时间对青藏高原不同海拔、不同民族的 5 万余人作了高原病调查，并计算出高原病在原居民中的发病率约为 2.5%。他通过对比研究得出结论：藏族已从整体、器官、细胞和分子水平上，建立起完善的整体适应机制，但其中依然有低氧易感的个体。这一研究揭开了藏族适应高原低氧之谜，立即在国际医学界引起强烈反响，纠正了一度在国际论坛上流行的片面、主观臆断的“青藏高原居民不存在慢性高原病”的学说。

1965 年，吴天一首次在《中华内科杂志》上提出了“成人高原性心脏病”的论点。他在高原地区“红脸蛋”牧民的血液化验中发现，一些牧民血液中的红细胞远高于常人，是高原病的另一种表现，1979 年，他在国内首次提出了“高原红细胞增多症”。

1990 年，吴天一在国内首次组织国际性中日联合阿尼玛卿山医学科考登山队。日本队员在海拔 5000 米时出现急性高原反应停止了考察步伐，但他仍带领队员们爬冰卧雪攀登到海拔 5620 米的“生命禁区”，在体力虚弱和严重缺氧的情况下，建立起临时高山实验室。

1991 年，吴天一带领同事们在青海省高原医学研究所建成了首个模拟高海拔环境的高低压实验氧舱。他主动承担了第一次实验的风险，毫不犹豫地进入了舱体。由于缺乏经验，舱内气压迅速下降，吴天一鼓膜打穿，听力严重受损，但他却摸清了舱体运转的安全系数。

“我出生于战乱纷争的年代，这辈子最大的愿望就是国家强盛。”吴天一说，“高原医学研究也是筑牢我国国防战线的重要力量。青藏高原在我国西南边境的战略地位不言而喻，通过系统的研究掌握军队在这里适应、训练的医学要诀，也就掌握了领土保卫的主动权。”

1999 年，吴天一参与军队指令性项目“高原急性呼吸窘迫综合征及多脏器功能障碍综合征”项目的研究，制定了在高原战伤条件下的诊断与急救标准，而这一急救系统在汶川大地震救援中也发挥了重要作用。

“科学还要取之于民，用之于民。”吴天一还对各型高原病进行了流行学、临床学及病理生理的研究，掌握其分布及规律，确立了我国统一的命名、分型和诊断标准，提出了发病机理的关键。

2001 年，有世界屋脊“新长城”之称的青藏铁路开建，吴天一将多年集研究和治疗为一体的成果应用到青藏铁路建设中，和同行们一起研制抗缺氧药物和保健品，制定了完善的高原病抢救措施，创造了 11 万劳动大军在海拔 4000 米以上的地区工作 4 年，无一例因急性高原病死亡的世界医学奇迹。

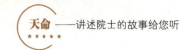

2010年青海玉树地震发生后，已经74岁高龄的吴天一第一时间奔赴抗震救援一线。在玉树灾区的5天里，吴天一走访了受灾最重、海拔最高的17个抗震救灾工作点，在为消防官兵、医疗队员和志愿者讲解高原疾病预防知识，现场参与和指导急性高原肺水肿的抢救治疗的同时，还充分发挥懂藏语的优势，为受灾群众讲解地震相关知识，对他们进行心理疏导。面对诸多困难，吴天一说："这是世界最高海拔地区的地震，我们要以高原人的精神战胜高原地震灾害。"

多年来，骑着马，赶着驮满仪器的牦牛，深入牧区的帐篷做高原病普查，深夜点着酥油灯整理数据资料……这已经是吴天一潜心工作的常见镜头。山高路远，他几次被湍急的河水冲走，遭遇多次车祸，有过14次骨折。长期面对皑皑白雪，一双眼睛做过两次白内障手术并植入人工晶体，走路常常摔跤。

"这么多次大难不死，老天就是要留着我这条命继续探索。"吴天一说，多年扎根于青藏高原，生存在这里的汉藏群众是他研究的"根"，建设、保卫这片土地的人们给了他不懈工作的信心和成就感，"我要回报他们，要和时间'竞走'，在有生之年和高原病战斗到底。"

摘取高原医学“王冠”

——记我国高原医学专家、中国工程院院士吴天一

刘鹏 《光明日报》记者

78年前的一个夏日，一个塔吉克族小男孩儿在新疆伊犁塔什库尔干呱呱坠地。塔什库尔干地处帕米尔高原东部；而“塔吉克”是塔吉克本民族的自称，意即“王冠”。半个世纪之后，正是这个小男孩儿摘取了世界高原医学上的“王冠”。

他，就是中国工程院院士、我国高原医学的奠基者、国家卫生和计生委高原病研究重点实验室主任、科技部高原医学研究国际重点实验室主任吴天一。

塔吉克族第一位院士

1951年，吴天一以优异的成绩考入中国医科大学。毕业后，吴天一与妻子随中国人民志愿军到朝鲜平壤医院工作了两年。1958年，夫妇俩响应党中央支援大西北的号召来到青海，开展了长达半个多世纪的高原医学

研究。

在人类高原适应学科领域，吴天一开拓了“藏族适应生理学”研究，通过对不同海拔和不同群体的大量对比，提出了机体对高原低氧的适应依靠器官水平功能适应和细胞水平组织适应两种途径的论点。他从整体、器官、细胞和分子几个水平上，证明藏族对高原的适应与其他群体（如移居汉族及南美印第安人）有着差别，藏族具有最完善的氧传送系统和最有效的氧利用系统，这是长期“自然选择”遗传适应的结果，为人类低氧适应建立起了一个理想的生物学模式，引起国际高度关注。吴天一在国内首次组织国际阿尼玛卿山学术登山队，获取大量高山生理学资料，对发生在青藏高原的各型急、慢性高原病从流行病学、病理生理学和临床学作了较系统的研究。他的研究在国际上首先证实青藏高原存在慢性高山病，他所提出的慢性高山病量化诊断标准被接纳为 ISMM 国际标准。

吴天一先后承担了多项国家、省、部级课题，其中，获国家科技进步特等奖 1 项，国家科技进步二等奖 3 项，省部级成果奖 15 项；1991 年获国际高原医学特殊贡献奖；2006 年获香港何梁何利奖；2008 年荣获中国光华工程科技奖。作为我国高原医学研究的主要学术带头人之一，吴天一还兼任第三军医大、武汉大学、青海大学、西藏大学、挪威奥斯陆大学等高校的博士生导师。2001 年，吴天一成为中国工程院院士，同时也是塔吉克族的第一位院士。

创造高原医学史上的奇迹

吴天一自踏上高原的那一天起，半个多世纪里，他都在与缺氧、高寒等恶劣的环境做伴。

在牧区，牧民们散居，户与户之间离得很远。从这家帐篷到那家帐篷，调查队员常常要骑马走上好几十里地，在忍受高寒缺氧的同时，也要消耗大量体力。20 多年的科研工作，吴天一走遍了青海、西藏、甘肃、四川 4 省区的大部分高海拔地区，诊治过上万名牧民群众，整理了大量的临床资料。藏族牧民亲切地称他为“马背上的好曼巴（医生）”。

1991 年，青海省高原医学研究所建成了全国最大的高低压氧舱。吴天一成为第一个模拟试验者。气压从海拔 5000 米的高度开始下降，由于降得太快，瞬间，吴天一头疼欲裂，鼓膜被打穿。最终他摸清了舱体运转的安全系数。

21 世纪初，举世瞩目的青藏铁路开建，高寒缺氧对铁路建设者的身体健康是一个严峻的考验，这是建设高原铁路的一大世界性难题，对高原医学提出了新的挑战。吴天一多年的研究成果被立即运用于救治青藏铁路建设者中的高原疾病上。他和同事们共同研制的抗缺氧药物、保健品发挥了作用，他主导开设的高原病科也为西进的建设者们提供了完善的抢救治疗环境，他撰写的《高原保健手册》和《高原疾病预防常识》被送到最前沿的施工者手中。在他的指导下，青藏铁路建设工程沿线建立了三级医疗机构，5 年建设期间未发生一例因高原病死亡病例，创造了高原医学史上的奇迹。

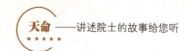

胸怀高原的赤诚之子

2010 年 4 月 14 日，青海玉树发生 7.1 级地震，已经 74 岁高龄的吴天一立即请战，要求前往抗震救灾一线。4 月 15 日晚，吴天一率领青海省心血管医院的高原医学专家连夜驱车近千公里疾驰玉树。16 日早晨，他们到达玉树，成为最早到达玉树灾区的高原病防治医疗队。

到达灾区后，吴天一不顾年事已高，驱车前往了 17 个抗震救灾工作点，先后走进受灾最重、海拔最高的上拉秀、禅古村、扎西科等地。他爬上废墟，走近挖掘点，进入简陋帐篷，为挖掘部队、消防官兵、医疗队员讲解高原疾病预防知识，现场参与和指导急性高原肺水肿的抢救治疗，为数千名抗震救灾人员讲课，发放《高原保健手册》1 万册，使救援人员在做好抗震救灾的同时学会保护自己的身体健康。

2008 年，吴天一因为在世界高原医学研究领域取得的突出成就，获得了中国工程界的最高奖项——中国光华工程科技奖。而他第一时间就将全部奖金 15 万元捐献给了汶川地震灾区，用于灾区救援及重建。

吴天一院士如今依然居住在他热爱并为之奉献了半个世纪的青藏高原。美国科罗拉多大学等多次聘其前往工作，但他始终热爱祖国，心中装着高原人民，装着他的事业。

马背上的“好曼巴”

温宝臣　《经济日报》记者

初见吴天一院士，78岁的他刚从北京开会返回西宁。身材不高却精神矍铄，举手投足间传达出智慧和学识，让人如沐春风。从他的谈吐中，也能读出自信、乐观与从容。

在长达半个多世纪的时间里，他扎根青藏高原，深耕高原医学，为藏族同胞带去安康，被亲切地称为“好曼巴”（好医生）。更为重要的是，长时间、大规模的实验数据为高原病防治提供了支撑，中国高原医学研究因而走在了世界前列。几天的接触和交流中，过往岁月如画卷般徐徐打开。

偶入高原便扎根

1937年，吴天一出生在新疆伊犁一个塔吉克族的知识分子家庭，取名依斯玛义尔·赛里木江。后随父母去南京生活了9年，于是，他有了汉文名字吴天一。1951年，吴天一考入中国医科大学，毕业后即与妻子随中国人民志愿军到朝鲜平壤医院工作。1958年，他又响应祖国支援大西北的号召来到青海，与山东、河南的大批青年共同支援当地建设。

湛蓝的天空、皑皑的雪山，青藏高原美丽的景色让支边的年轻人着迷，然而这种愉悦很快就消失了。缺氧、疲劳、头痛欲裂等一系列的高原反应，击倒了不少初来青藏高原的年轻人。对于有着医学经验的吴天一来说，治病救人和寻找病因就成为他工作的重点。随后他又听说，在一次边境自卫反击战中，有士兵发生急性高原病，造成部队减员。经济开发和边疆防卫同时被高原病困扰，这深深地刺激了吴天一。

就是从那时起，他萌发了寻找有效应对高原病办法的念头，也正是从那时起，他把研究方向锁定在高原医学领域。经过诊治大量患者，吴天一认定这是一种高原环境的特发性疾病。环境流行病学研究要对自然人群的普查率达到95%以上，才能准确掌握疾病分布和患病因素。吴天一开始了数十年如一日的临床观察。

青藏高原面积达257万平方公里，平均海拔超过4000米，是吴天一的天然实验室，高原原著居民是最好的样本。然而，高原恶劣的气候条件同样考验着他的身体和毅力，这项研究从开始就注定是一条艰苦的探求之路。

牧区居民居住分散，又会随季节变化小范围迁徙，有时候走了几十公里才见到一个帐篷。高原的天气像小孩儿的脸，说变就变。刚刚还是晴空万里，马上又大雨倾盆，没准还加上些冰雹。冬季早晚的温差更是惊人，随身帐篷只能起到遮风作用，和衣而眠就成了常事。

吴天一说，“青藏高原恶劣的环境，对从事高原医学研究的人来说却是宝贵的财富。与缺氧环境对抗，是科研人员的基本功”。

“青藏高原独特的环境和生物多样性，为科研提供了独一无二的资源，所以说，青藏高原是我科研的根，甚至也可以说是我生命的根。”吴天一深情地说。借助这些根系提供的营养，吴天一在高原医学领域取得骄人成果。

辛苦耕耘结硕果

20 世纪 70 年代末，吴天一从部队转业到了青海省人民医院，在他的推动下成立了“青海省高原医学科学研究所”。此后，一系列重大科研项目逐步启动。

1979 年至 1985 年，吴天一主持了历时 6 年之久、覆盖 5 万人之众的急慢性高原病大调查。他对生活在海拔 4000 米以上的果洛、玉树、唐古拉等地藏族和汉族牧民体质特征和各种急慢性高原病进行调研，并先后治疗了两万多例患者，获取了大量的临床资料和数据。

1990 年，为了阐明人体从低海拔急速进入高原后生理和高山病发病规律，53 岁的吴天一带领中日联合考察队到海拔6282米的阿尼玛卿雪山进行实地考察。在海拔5000米进行高山生理实验10天后，日本医疗队因出现急性高原反应停下了脚步，而吴天一则带领中国考察队继续行进在冰天雪地中。吴天一坚持登上海拔5620米建立实验站，并详细记录了各种实验数据。

阿尼玛卿山实验收集了不同海拔的人体生理数据，借此形成了不同人群在海拔2300米、海拔3719米、海拔4660米、海拔5000米与海拔5620米的对照，使高原医学又迈上新的台阶。为此，国际高山医学会在第四次国际高山医学会上授予吴天一“高原医学特殊贡献奖”。

1997年，国际高山医学会要给急性高山病、慢性高原心脏病制定一个标准。吴天一率先领导国内专家建立了中华医学会高原病的统一命名、分型和诊断标准。2004年，第六次高原医学会在澳大利亚的悉尼举行，吴天一经反复验证后提出的量化诊断标准得到一致通过，弥合了存在于国际医学专家之间的分歧。在为标准命名时，会议工作人员建议可以命名为“悉尼标准”。“我当时就说‘不’，要叫‘青海标准’！”吴天一回忆说。这一国际标准，也成为中国医学界的第一个国际标准。

时光荏苒，高原送走了一批批南归候鸟，吴天一却策马扬鞭走遍了青、藏、甘、川的大部分高原。从第一个披露高原肺水肿病，到第一个报告成人性高原心脏病，再到第一个报道高原红细胞增多症，吴天一

以高原低氧适应生理学的研究为重点，系统地研究了发生在青藏高原的各型高原病，创建了慢性高原病量化诊断系统。

千里天路显身手

吴天一的科研成果，在新世纪发出了更耀眼的光芒。2001 年，韩红歌声里的“天路”——青藏铁路破土动工，数万建设大军将奋战在高海拔地区，吴天一说，“我似乎觉得自己更有用武之地了。”

青藏铁路的开工牵动着亿万人的心，而铁路建设中的卫生保障是高原铁路建设 3 大难题之一。有着多年高原医学经验的吴天一被任命为铁道部青藏铁路一期建设的高原医学顾问和二期建设的高原生理研究组组长。吴天一回忆说，“很庆幸，我有超前意识，加上天时地利与人和，我的高原适应性研究和高原病防治的路子走对了”。

当被问到如何确保筑路工人的安全时，吴天一说，“从大处说，我首次提出包括糖尿病、冠心病等 14 种疾病患者究竟能不能到高原参加高强度劳动的问题，并确定了一些具体的指标。在细微处，考虑得更加细致。比如说，根据青藏公路的建设经验，我建议为工人提供带有暖气的卫生车，防止工人起夜患感冒，大幅降低了脑水肿和肺水肿等高原性疾病的发病率。我和同事共同研制的抗缺氧药物及保健品，也发挥了作用”。

在青藏铁路的建设过程中，吴天一和团队针对大群体、高海拔、长期施工的特点，提出急性高原病抢救“高压舱、高压袋、高流量吸氧”及“低转、低转、再低转”的“三高三低”急救措施，以及一系列卫生保障方案。在施工的5年中，共计超过14万的筑路工人中无一例因急性高山病死亡。

在世界第六届高原病医学大会上，国际专家对于青藏铁路建设高原病零死亡将信将疑，提出了现场观察的要求。吴天一随即带着170多名各国专家来到施工点上，当他们亲眼目睹了高原氧舱和各种高水平的医疗设备时，没有人再质疑，都认为这是高原医学史上的奇迹。

也就是在青藏铁路开工那一年，吴天一当选为中国工程院院士。这是青海省唯一的院士，也是塔吉克族唯一的院士。

为医学攻关到底

吴天一很是怀念过去的日子。每次为藏胞看完病，已经走出很远，回头看见他们还在帐篷口不停地挥手道别，那一刻，吴天一心里是满满的幸福。现如今，吴天一每年还会带领队伍到青海条件最为艰苦的黄南、果洛、玉树等地巡回义诊，每天接待来自四面八方的藏胞超过200人。“的确很累，但也说明那里很需要我。”吴天一说。

吴天一对藏胞有深厚的感情，他说，“从西藏的亚东，到珠穆朗玛峰上的营地；从青海的西宁，到果洛的阿尼

玛卿雪山脚下，我们所采集的两万多份血样，大多都是当地的藏胞无偿提供的，这是我们研究藏族高原最佳适应性的第一手资料，比什么都宝贵”。

跑遍了世界上所有的高原，吴天一发现，没有哪里像青藏高原这样高的海拔，长时间居住数量如此众多的人口。为此，他说高原医学只能诞生在青藏高原，自己扎根青藏高原是幸运的。他拒绝了国外很多高校伸过来的橄榄枝，认定了离开青藏高原，高原医学研究便成无源之水、无本之木。

吴天一说，自己最骄傲的时刻，就是站在国际高原医学论坛讲台上，讲述来自青藏高原的新发现，获得掌声，为国争光。

“中国是高原大国，高原人口众多。高原适应问题、高原病防治问题，都是必须要解决的。”在吴天一眼里，这是倾注一生要做的事业。他说，“随着西部的不断开发，到高原来旅游、创业的人越来越多，作为一名科学家，肩上的担子还很重”。

身上的“零件”在多年坎坷的科研生涯中修了好几茬，但这并没有阻挡吴天一科研的步伐。年近八旬的吴天一，工作热情一如当年。“高原医疗工作，由于缺氧环境，非常艰苦。不要说像我这样年纪的人，就是青年人、中年人都要经受考验。但我是专门从事中国高原医学研究的，肩负着这片土地上人民健康的保障，所以生命不止，研究不止，要为这个事业攻关到底。”吴天一如是说。

采访感言

院士的正能量

2013年8月13日，初到海拔4200多米的青海玛多县。由于高原反应，我一夜没睡，翻身时用力稍大就感觉脑仁像要蹦出来似的。这种痛楚，让我联想着吴天一院士行医的意义。

8月14日上午，跟随这位78岁的塔吉克族老人，来到海拔4610米的玛多县牛头碑。面对黄河源头那碧绿如洗的青青草原，老人吐露心声，“作为高原的儿子，我要为这片土地和这里的人民奉献我的一生”。响亮的声音在措日尕则山顶激荡，让每一个在场的人为之动容。只有身临其境，才能感觉到吴天一这席话的悲壮。

带着热情，将一件有意义的事情做一辈子，并用这种热情感染周围的人，这就是吴天一院士的正能量。如今，在吴天一周围，形成了一支敢于吃苦，甘于奉献的年轻科研队伍，他们是高原医学研究的后备力量。

有位作家说过，人可以穷可以富，可以细可以粗，可以雅可以俗，但“士不可不弘毅”，总要对得起流金岁月，高天厚土。吴天一院士多年的坚持，为高原群众健康和国家西部建设所作的努力，可以让他在回顾一生时毫无愧色。“马背上的院士”的经历也在提醒我们，如果能够带着热情坚持去干一件事，自然不会平庸。

摘取高原医学“王冠”

——记中国工程院院士吴天一

韩秀　中央人民广播电台记者

青藏铁路全长1956公里，是世界上海拔最高、线路最长的高原铁路，人们能否在此施工劳动的同时不发生或者少发生各型高原疾病？

作为铁道部高原医学专家组组长，吴天一制定了一系列劳动保护和高原病防治措施，对保证5年14万筑路大军高原病零死亡起到了重要作用。

“缺氧的问题是不可回避的问题，防护缺氧的问题就是我们的任务。在这次提出了很多积极有效的办法，比如说一定要建立高压舱站，因为你山上发生肺气肿、脑水肿马上要通过高压治疗，一共建立了25个高压舱站。”

2010年4月14日，青海省玉树地区发生7.1级强烈地震。吴天一在机场听说地震消息后临时更改行程，第一时间奔赴灾区。

“玉树地震是世界最高海拔的地震，我搞高原医学的，我一定要去。那个时候非常辛苦，白天抢救病人，晚上到一个一个点给他们讲什么是肺水肿，怎么认识、抢救。晚上十一点多才回到我的帐篷。”

几十年来，吴天一骑着马儿走遍了青海、西藏、四川、甘肃的大部分高海拔地区，积累了大量临床资料。青海藏族牧民大部分都知道他的名字，并亲切地称他为“马背上的好医生”。

吴天一：“我是‘世界屋脊’的儿子”

李禾　《科技日报》记者

他是我国报道高原肺水肿（1963 年）、成人高原心脏病（1965 年）、高原红细胞增多症（1979 年）的第一人。他是慢性高山病量化诊断国际标准——“青海标准”的提出者。他是玉树地震抢险救灾中年龄最大的人，作为卫生部高原救援组总顾问，成功抢救了 36 例高原肺水肿患者，并协助卫生部制定“玉树地震高原病防治规范”。他先后获得国际高山医学奖、香港何梁何利奖、中国光华科技奖、国家科技进步特等奖等，先后被授予全国抗震救灾模范、“全国卫生文明先进工作者”、“全国侨界十杰”、玻利维亚高原医学最高荣誉奖等。他就是中国工程院院士、青海高原医学科学研究院院长吴天一。

提出首个中国命名的国际高原医学标准

在海拔 4200 米的青海玛多县，年已 76 岁的吴天一被藏族牧民团团围住。他耐心地帮牧民查看其心电图，对有异常的，再进行测量脉搏，听诊心脏情况……

吴天一出生在新疆伊犁一个塔吉克族知识分子家庭，1951年，年仅14岁的他，以优异成绩考入中国医科大学。毕业后，吴天一与妻子随中国人民志愿军到朝鲜平壤医院工作两年。1958年，夫妇俩响应党中央支援大西北的号召，毅然来到条件极为艰苦的青海，扎根在青藏高原上。

吴天一说，当时有两件事让他深深震撼。一是国家从河南、安徽、山东等地移民或组织青年支援青海，不少人被派到海拔4000米青南地区开垦。由于对高原病缺乏认识和防治措施，产生了大量高原病人，有的人倒在了高原上，绝大多数无奈返乡；另一件事是1962年发生的中印边境自卫反击战，从平原调来的印军发生了高原病“肺水肿”，大量的人在行军途中倒毙。

吴天一意识到，拯救生命，防治高原疾病刻不容缓。但在当时，国内对高原环境对人体影响、高原特发性疾病的研究很少。于是，吴天一开始了几十年如一日的临床观察和实验研究。

流行病学研究有其特殊性，对自然人群普查率要达到95%以上，才能掌握准确的疾病分布和患病因素。在高海拔地区，空气稀薄、氧气少。牧民们是散居的，从这家帐篷到那家帐篷，调查队员常常要骑马走上三四十里地，不但人要承受巨大的危险和不适，而且连试验设备也频频出现“高原反应”。青藏高原夜晚气温能达零下30多摄氏度，吴天一和队员们住在单薄的帐篷里，数

日不能洗脸；煮熟的羊肉冻成冰坨子，用刀割下就着冰碴吃；调查队带的煤油炉子点着都费劲，面条煮出来还是生的。

高原道路崎岖，气候多变，普查、调研途中多次车祸造成吴天一四根肋骨骨折、膝盖粉碎性骨折……全身骨折多达14处。翻车、骨折、骑马过河差点儿被湍急河水冲走，都没有挡住吴天一前进的步伐，他走遍了青藏高原的山山水水，积累了几十万份不同海拔、民族、职业人群的调研数据，完成了高原人类适应生理最丰富的资料。

为研究急性低氧对人的影响，1990年，吴天一组织中日联合阿尼玛卿山医学学术考察队，历时45天，科研队从海平面的日本到海拔2261米的中度高原、接着到3719米、4460米的高原，再在海拔5000米及5620米的特高海拔建立高山实验室，取得了大量珍贵的特高海拔人类生理资料。

日本科考队早在1985年就在阿尼玛卿山海拔4000米处设立高山实验营地，进行了长达5年的适应性训练。但刚到海拔5000米时，日方就因明显的高原反应而撤离。吴天一毅然带领中方队员最终登到海拔5620米的地方，并在海拔每上升50米，就对人的心跳、脉率、呼吸、细胞对氧气利用率等进行系统测量，并由此形成急性高山病发病机制的科学研究成果。在1992年日本召开的第三届国际高原医学会上，这项成果受到高度评价，国际高山医学学会授予他“高原医学特殊贡献奖”。

1991年，青海省高原医学研究所建成了全国最大的高低压综合舱。动物实验后，第一次人体模拟试验由谁进去？吴天一深知有风险，但他仍毫不犹豫地说："技术设计是我做的，当然是我第一个进舱。"当大气压从海拔8000米标准开始下降，由于降速太快，瞬间吴天一头疼欲裂，耳鼓膜被打穿……

对此，吴天一说，"高原医学研究和别的科学领域不太一样。研究人员必须亲身接触低氧环境，感受低氧影响。如果没有为科学献身的精神，就很难得到成果。"

由于多年扎实的慢性高原病流行病学、病理生理学、临床学等普查和研究，2004年8月，在第六次世界高原医学大会上，吴天一代表中国专家组提出的慢性高原病记分量化诊断系统最为完整、科学和可操作性强，终于从各国方案中脱颖而出，被国际高山医学会接纳为国际标准，命名为"青海标准"。这也是中国高原医学界的第一个国际标准，2005年开始在全世界实施。

14万青藏铁路建设者"零死亡"

青藏铁路是世界上海拔最高、路线最长，施工条件最艰巨的铁路工程，每年有数万工人在海拔4000米至5072米的唐古拉山高强度作业。吴天一被任命为铁道部青藏铁路一期建设的高原医学顾问和二期建设的高原生理研究组组长。

吴天一多年的研究成果被运用于救治铁路建设者的高原疾病上。在他的指导下，青藏铁路建起23个供氧站、25个高压舱站。他提出"三高三低"急救措施，亲自撰写《高

原保健手册》和《高原疾病预防常识》，并送到每一个施工者手中。

在工程建设中，大到铁路沿线供氧站、高压氧舱的建设，小到员工起夜，吴天一都想到了，并做好了保障工作。他说：“别小看晚上起夜，很多人就倒在这‘一泡尿’上。睡得热乎乎的，突然跑出帐篷去上厕所，外面气温在摄氏零度以下，一旦感冒就很容易发生高原肺水肿。在我的建议下，使用带暖气的卫生车晚上与住宿室对接，供建设者上厕所，也防止环境污染。”

无论白日还是黑夜，吴天一都不能放松。“很多时候都是深更半夜打来电话，说出现了什么样的病情，该怎么办？我依照病情，该进高压氧舱紧急抢救的赶紧抢救，该往下转移的就赶紧转移。”吴天一说，5 年中，他进行了不下几百次的电话紧急处理。

在吴天一的指导下，在青藏铁路 5 年建设期间，14 多万人“零死亡”，被国际誉为“高原医学史上的奇迹”。

主动请缨 参与玉树地震抢险救灾

2010 年，玉树发生了 7.1 级强烈地震，在 4000 米的高海拔地区，高原反应严重威胁着来自全国救援队员的健康。吴天一立刻向青海省卫生厅请战，因他的年龄和身份，省卫生厅未敢答应。

“我当时就去找主管副省长，只说了两句话，玉树发生高原地震，我是从事高原医学的，我必须去，而且现在就走！”于是，吴天一任组长，率领 14 人组成的高原病防治专家组赶赴灾区救援。吴天一是抗震救灾队伍中年龄最大的救灾专家。他说“救命如救火，一看那种情景我就豁出去了！”他不顾年事已高，走进灾情最重、海拔最高的上拉秀、禅古、扎西科等乡村，他还发挥精通藏语的优势，对灾区群众进行心理疏导；马不停蹄地从一个救援点奔赴下一个救援点，为参与救灾的部队、消防官兵、医疗队员讲解高原疾病预防知识，为在震后第3天便将3000多名重伤员全部运出灾区立下汗马功劳，并成功抢救了36例高原肺水肿患者，协助卫生部制定《玉树地震高原病防治规范》……

半个多世纪以来，吴天一始终奋战在青藏高原第一线。他拒绝了内地优越的工作、生活条件，放弃了去美国跟年迈的父母、妹妹团聚。他说，“我的事业在青藏高原，我是‘世界屋脊’的儿子！”

吴天一：守望高原“好曼巴”

陆琦 《中国科学报》记者

每次，当操着一口地道安多藏语的高原医学专家、中国工程院院士吴天一到来时，牧民的帐篷里都会格外热闹。

从青海省西宁市到玛多县开车要八九个小时，沿途均为高海拔地区。很多年轻人都吃不消，年过七旬的吴天一却一点儿没表现出不适，一下车就穿上白大褂给牧民看起病来。

大家都很好奇他的状态怎么那么好。吴天一笑着说：“崇拜高山雄鹰的塔吉克族汉子的血脉里，涌动的是顽强不屈的意志。”

“马背上的好曼巴”

1958年，中国医科大学军医期学员、在平壤医院工作两年的志愿军战士吴天一携妻来到青海。从此，他把研究方向锁定在高原医学领域，也把人生坐标锁定在了青藏高原。

“只有从根本上认清高原病的致病机制，总结出一套行之有效的治疗方法，才能让临床治疗有章可循。”于是，除了每天的临床工作，积累资料、探索高原病因成了吴天一全部的生活内容。

为研究青藏高原藏族人群“高原低氧适应生理特征”课题，已熟练掌握英语、俄语、塔吉克语、汉语的吴天一，还学会了藏语。同时，他走遍青海、西藏、甘肃、四川、新疆西部的大部分高海拔地区，诊治过上万名牧民群众，整理了大量的临床资料。

藏族牧民都亲切地称吴天一为“马背上的好曼巴（好医生）”。

不懈的探索，催生了一项又一项科研成果。1963年，吴天一在中国首次综述报告了高原肺水肿；1965年，他在国内首先报道了“成人高原性心脏病”并指出肺动脉高压是根本病理机制；1979年，他率先报道了青藏高原最常见的慢性高原病类型“高原红细胞增多症”的概念。

经过大量的调查研究，吴天一揭开了藏族适应高原环境的生理之谜。他提出的藏族在世界高原人群中获得“最佳高原适应”的论点，为人类适应高原提供了理想的生物学模式。

与此同时，吴天一首次证实了我国青藏高原存在慢性高原病，推翻了国际高原病专家麦克·沃尔德等权威认为的“青藏高原居民不存在慢性高原病”的观点。他提出的慢性高原病量化诊断标准，被选定为国际标准。

“青藏高原是我的根”

“从事高原医学研究，还是和别的科学领域不太一样，因为它是和缺氧打交道。我们要到海拔很高的地方去，比如4000米、5000米甚至更高，研究人员必须亲身接触低氧环境，感受低氧的影响。如果没有为科学献身的精神，很难作出成果。”当初选择高原医学，吴天一就深知自己踏上了一条充满荆棘的探索之路。

为研究急性低氧对人类的影响，吴天一组织过中日联合阿尼玛卿山医学学术登山队，历时45天，在3719米、4660米、5620米的特高海拔地区建立高山实验室，取得了大量珍贵的特高海拔人类生理资料。由此开展的急性高原病发病机制的科研成果，在1991年召开的第四届国际高原医学大会上，一举拿下“国际高原医学特殊贡献奖”。

那一刻，令吴天一一直自豪到今天。“站在国际论坛的讲台上，给国际高原医学界讲中国高原医学学者怎么研究人体适应、怎么防治高原病，讲完获得全场热烈掌声，这是在为国争光。”

1978年，吴天一和同道共同创建了中国第一个高原医学专业研究机构——青海省高原医学研究所。1991年，该所建成全国最大的高低压综合舱。吴天一成为第一个模拟试验者。

深知有风险，吴天一仍毫不犹豫地说：“技术设计是我做的，当然是我第一个进舱。”

气压从海拔5000米的高度开始下降，由于降速太快，吴天一瞬间头疼欲裂，鼓膜被打穿。但他很欣慰，换来了第一手舱体升降的物理参数和舱体运转的安全系数。

在高原医学这一研究者寥寥无几的领域，在永远与缺氧环境相伴的日子里，吴天一坚守了长达半个多世纪。父母要他到美国团聚，他拒绝了；国外和内地的高薪聘请，他不为所动。理由很简单："青藏高原是我科研的'根'，甚至可以说是我生命的根。我作为高原的儿子，要为这片土地和这里的人民奉献我的一生。"

"保证高原人群的健康是核心"

如何有效地预防和治疗高原病，是吴天一开展研究的初衷。"保证高原人群的健康是核心，是第一位的，否则高原的经济建设和社会发展都难以保证。"

在举世瞩目的青藏铁路建设中，卫生保障一度成为高原铁路建设的三大难题之一。作为铁道部青藏铁路一期建设的高原医学顾问和二期建设的高原生理研究组组长，吴天一创新性地提出了"高压舱、高压袋、高流量吸氧"和"低转、低转、再低转"的三高三低急救措施，建立了一系列卫生保障措施和急救方案，使 14 万筑路大军在长达 5 年的建设中，无一人因急性高原病发作而死亡，被国际医学界誉为"高原医学史上的奇迹"。

玉树地震发生后，吴天一主动请缨赴灾区救援。5 天里，他不顾年事已高，驱车行走了 17 个抗震救灾工作点，为数千名抗震救灾人员讲解高原病预防知识，发放《高原保健手册》1 万册，并成功抢救 36 例高原肺水肿患者。

2011 年 9 月，74 岁高龄的吴天一还亲赴海拔 5600 米的珠峰基地营，考察建立我国的救援站。

同时，这几年，他带领科研团队从整体、器官、细胞、分子水平等方面，围绕人体高原习服、适应以及高原对人体的慢性损伤展开研究。2012 年年底，鉴于中国在高原医学上取得的重大成果，美国《科学》杂志邀请吴天一组织刊发了一期高原医学特刊。

“后面的路还很长，任务还很艰巨。”吴天一的目标是，不仅要让高原人民健康地生存，还要提升他们的生命质量，更好地建设青藏高原这片美好的土地。

中国工程院院士汪应洛 / 新华社记者：李一博■摄

郭红松■绘

汪应洛

汪应洛（1930.5.21—）管理科学与管理工程专家。出生于安徽省芜湖市，1952 年毕业于交通大学机械工程系，1955 年研究生毕业于哈尔滨工业大学。长期致力于我国管理工程、系统工程和工业工程学科的发展及融会贯通，将其理论与方法综合应用于工程管理和社会经济问题中，取得了突出成绩，是我国管理工程、系统工程和工业工程的学科带头人之一。在国内率先运用系统工程的理论和方法参与完成“山西省能源重化工基地发展战略”的研究和三峡工程综合经济评价及决策支持系统研究等。提出企业柔性战略概念和实现战略一体化的管理方法，以及“精简、灵捷、柔性”生产系统概念、“灵捷网络化制造模式”理论和方法并加以实施。获国家省部级科技进步奖 9 项。2003 年当选为中国工程院院士。

“陕西煤化工产业节能减排”研究报告是一份很好的研究报告。

陕西发展煤化工是大势所趋，但煤化工是高耗能产业，到2015年将成为全省第一大耗能大户，无疑节能减排是发展煤化工的重点。该研究报告分析了陕西煤化工产业现状和发展趋势，预测了2015、2020煤化工产值、能耗、CO_2排放、节能指标、减排，将为全省制订节能减排指标提供参考依据。

该研究报告研究了陕西煤化工主要产品节能减排的主要途径，以及提高能源利用效率、降低单位产品能耗与发展循环经济等内容。并对煤化工产品生产过程和能源消耗，排放CO_2及CO_2利用、储存和森林碳汇吸收CO_2进行了深入的研究。

建议煤化工产业与装备制造业联盟，加强煤化工装备国产化，及远程运行状况远程监控、大型设备的维修服务和节能减排服务、重大设备的现场组装服务等。

煤化工深加工装备制造、循环经济专用设备研发制造等

汪应洛

汪应洛 这条路走得很踏实

——中国管理工程创始人一边搞科研一边带学生

赵展慧 《人民日报》记者

长江三峡工程综合效益评价如何？企业如何在不确定环境下，保持战略行为的灵活性和有效性？我国制造业如何从制造环节向市场与研发等服务环节升级与转型？这些涵盖内容庞大复杂、涉及学科众多的问题都可以通过科学管理与工程理论的分析来解答，而汪应洛正是这一学科的开创者。

从无人了解到“指导”大工程

志在管理工程学，埋头一干就是50年

提起汪应洛院士，总能与“系统”二字联系在一起。这位老先生研究的，不是单个事物，而是如何运筹帷幄系统性的“整体”。

1957年，毕业不久的汪应洛，作为第一个前苏联专家系统培养的管理工程方向的研究生，应中央政府支援西部的号召，与交通大学的几千名师生员工一起浩浩荡荡地登上西行专列，来到位于黄河之滨的古城西安。从此，为了发展管理工程学，他埋头一干就是50余年。

让汪应洛执著一生的管理科学与工程，究竟能够产生多大作用？汪应洛举了一个小例子。通过应用系统工程、战略管理的理论与方法分析论证，汪应洛指导陕西鼓风机厂完成了由只卖产品到兼卖服务的转型，“不光卖鼓风机，还向顾客提供所需气体、设备维修服务、节能减排系统的安装等。”经科学管理后的陕西鼓风机厂，产值10年间从几个亿增至近80亿元。

管理科学与工程，一门学科从无人知晓、不被承认，到如今应用于指导国家重大工程战略性问题，一路发展坎坷艰辛。如今，虽已进入耄耋之年，汪应洛讲到这一学科，仍然意气飞扬。“现在又有一些新的领域需要我们去研究。”汪应洛正在研究大数据产业管理问题，致力于从浩瀚数据挖掘出有用的知识和决策。

研究三峡工程支持系统

建模研究发电移民航运防洪等因素，拿出最优方案

作为我国管理科学与工程领域的开拓者，早在1980年，汪应洛就将战略决策理论研究，应用到区域经济发展战略中。他参加了“山西省能源重化工基地发展战略”研究，为山西省建立长远规划提供了科学依据。作为首席专家，他还主持了陕西省经济、科技、社会智能决策支持系统的研制，推动系统工程在我国的应用和

发展。

让汪应洛至今想起仍十分激动的是，他承担了对三峡工程的相关重任。1984 年，汪应洛作为长江三峡重大科学技术研究专家组成员，就开始负责长江三峡决策和分析支持系统研究。1991 年，汪应洛又对当时尚有争论的三峡大坝坝高及工程投资等进行系统分析和科学论证，“当时电力部、水利部、交通部、四川省、湖北省等各方争执不下，争议最多的是三峡大坝的高程。”综合各方意见，汪应洛与专家们建立数学模型，研究发电、移民、航运、防洪等因素，拿出了最优化方案：坝高 185 米、蓄水高 175 米的建议方案。“经过一些重大工程决策的磨砺，我进一步坚信：科学管理蕴含着深沉的治国之道。”汪应洛说。

研究脚步不停。1998 年，汪应洛又提出了企业柔性战略概念和以战略转换为纽带实现战略管理一体化的观点，被国际认为是站在“跨世纪战略管理研究与实践的前沿”。1999 年，汪应洛与英国伦敦商学院合作，对 600 多家国内外企业进行了大样本调研和实证分析，验证了柔性战略的可行性，并在国内海信、彩虹等企业得到应用。

汪应洛时时不忘他的“中国梦”。他称自己“老骥伏枥，志在中华复兴”，希望通过更科学的管理创造更美好的未来：“我希望未来生活在一个山清水秀、空气清新、环境幽雅的生态环境之中，生活在一个青年人有创造力，人民生活富足的国家。”

健走在搞科研带学生路途中

“刚从事教育工作时，几乎没有条件实现梦想。但是我从未放弃”

见到汪应洛老先生的时候，年逾八旬腿脚不便的他缓缓地走过来与大家一一握手，笑容温和谦逊，学生们围绕在他的周围，搀扶着他。

用西安交大管理学院院长黄伟教授的话来说，汪老师的学生对他都很亲近。

这份亲近，源于钦佩。“这么大年纪了，却有着比我们更敏锐的洞察力，判断科学前沿方向的眼光独到犀利。更让我们自叹不如的是，汪老师工作起来精力无穷，经常刚出完差就紧接着开会。”黄伟说。

这份亲近，也源于他对学生的关怀。学生写的论文、书稿，他一字一字批改，他创造一切条件和机会，把学生推向广阔的社会实践。学生们说他还是一个开朗幽默的人，“也常跟我们聊聊美食和美食背后的文化。”

1984 年，在他的积极奔走和倡议下，西安交通大学管理学院在原管理工程系的基础上重新建立。他是我国管理工程学科首批博士生导师和博士后导师，在国内最早提出从有工程实践经验的人员中培养高级管理人才、双学位人才。他先后主持和参加了 10 余项国家重大科研项目，为国家培养了一大批高级管理人才……

如今，他考虑最多的依然是如何为国家建设培养更多的高级管理人才。“我是新中国培养出来的第一批大

学生，我深深地爱着我的祖国。我这一辈子最钟情的是科研教育事业。我按着我的愿望走，一边搞科研，一边带学生，这条路我走着心里很踏实。我还会这样走下去，走下去……”汪应洛说。

“走下去”，这样的精神支撑着他在50余年的系统工程研究中不断追逐，“刚从事教育工作时，一没经费、二没设备，几乎没有条件实现梦想。但是我从未放弃，也一次次实现着自己的梦想。”工程管理的教育研究与学科精神在他不停歇的奔忙中，也将传承下去……

汪应洛院士：教学科研两相长 科学管理铸强国

冯国、许祖华　新华社记者

“在50多年的奋斗生涯中，我深刻体会到科学管理乃治国之道。”这是中国工程院院士、西安交通大学教授汪应洛的院士箴言。如今，83岁的他谈起来仍言语铿锵，殷殷目光透露着深沉的爱意：“人生如画卷，我只与教学科研相伴，铸梦强国而不悔！”

“西部也是祖国的沃土！”

共和国成立那一年，19岁的汪应洛进入上海交通大学，成为新中国培养的第一代大学生。1957年，应中央政府支援西部的号召，交大几千名师生员工，离开黄浦江畔，来到古城西安。当时，毕业不久的年轻硕士汪应洛就在西迁的大军里。

从此，汪应洛的生命便跟管理工程教育和研究紧紧地连在一起，成为我国管理工程教育与研究的开拓者之

一，系统管理学科的奠基人和卓著的管理工程教育家。

西安交大管理学院恢复建立后，汪应洛在国内最早提出从工程师中培养管理人才，推动了国内培养具有双学位和MBA高级管理人才的教育；他还在国内首先倡导工业工程教育、研究与应用，成为我国管理工程学科首批博士生导师和博士后导师，为我国管理工程和工业工程教育体系的建立和学科的发展做出了突出贡献。

谈起汪应洛的成绩，西安交通大学校长郑南宁说，他积极推进知识管理研究和工程管理教育，在创新教育和教书育人方面取得了令人瞩目的成就，让西安交大始终保持着国内一流管理学院的地位，并成为我国西部乃至全国培育管理人才的摇篮。

汪应洛自认并不聪慧，但对于学术有着别样的执着，对于国内外制造业、重大工程等有着独特的管理学思考。他说："在战略思维下，我始终坚持和追求四个方面的结合，即世界先进的科学管理理论、方法与我国国情的结合；科学管理与工程实践的结合；系统工程与管理工程、工业工程的结合；管理创新应用研究与高层次、实用型管理人才培养的结合。"

"科学管理是技术，也蕴含治国之道！"

改革开放让汪应洛走出国门，汲取全球化的管理学养料。在工程科技领域，他致力于将工程与管理紧密结合，运用系统工程理论和方法进行工程论证、发展规划、战略决策等方面的研究，核心是强调用系统工程整体优化的思想以解决重大工程与战略决策问题。

“首先接受挑战的一个重大工程决策就是三峡工程。当时国家电力部、水利部、交通部、四川省、湖北省等各方争执不下，各个部门都有自己的学术支撑力量，国家决定让国家科委组织专家组进行研究。刚刚开始倡导建立模型以定量分析的我们被抽中了，当时明确要求我们给出定量分析的结论和方案。”汪应洛对于承担如此重任十分激动。

根据国家科委委托，汪应洛等人承担起了三峡工程决策分析和决策支持系统的研究，并参加其后的长江三峡工程重大科学技术研究专家组，主要研究三峡工程综合评价及决策分析，需要综合研究发电、移民、航运、防洪等因素，以拿出各方都比较满意的最优化方案。

“当时争议非常多，最激烈的是三峡大坝的高程。我们综合各方意见，建立了数学模型，经优化计算后，提出坝高 185 米、蓄水高 175 米的建议方案，虽经波折但最终被采纳。同时，针对中国国力能否承受如此重大工程的争议，我们也进行了综合剖析研究，得出了若干有价值的研究结论。”

“系统工程的优化计算和综合权衡的结果表明，三峡工程投资需要 1000 多亿元，而且不是一次投入，我国的国力是完全可以承受的。这一判断，随后在三峡大坝的实际建设和运营中得到了证明。由此教学相长，又经过一些重大工程决策的磨砺，我们尝到了甜头，也进一步坚信了科学管理是技术活，有些艺术之境的意味，但也蕴含着深沉的治国之道。”他说。

“老骥伏枥，志在中华崛起！”

“在您八十华诞之际，谨致热烈祝贺。感谢您为我国工程科技事业发展和国民建设做出的重要贡献。您严谨求实的科学态度，孜孜不倦的学习精神，无私奉献高尚的品格，是我国工程科技界学习的榜样。”

这是时任中国工程院院长的徐匡迪在汪应洛 80 岁时发来的生日贺词。汪应洛的教育成就有口皆碑，在学科成就之外，让汪应洛引以为豪的是他的学生们。

作为中国第一位管理工程学科的博士生导师和博士后流动站导师，他培养了 120 多名博士生。这些学生有的获“中国青年科学家”称号，担任院长、校长职务，有的获得“国家杰出青年基金”资助及入选“长江学者奖励计划”，多人被评为教授和博导，并成为年轻的学术带头人，有些则成为优秀的企业家、领导干部。

汪应洛的学生，如今担任西交利物浦大学执行校长的席酉民说：“先生的人格和精神是活的课本，是我终生享用不尽的财富，他不但给我们传授专业知识，还给我们发挥、应用、提高专业知识的广阔天地。”

虽已年过八旬，汪应洛每周仍坚持到办公室工作，考虑最多的依然是如何为国家建设培养更多的高级管理人才，特别是管理学科的学术带头人和优秀企业家。

“我是新中国培养出来的第一批大学生，我深深地爱着我的祖国。能为国家多培养些人才，看着他们在各自领域发挥出来的作用，我心里异常欣慰！所以，我还会这样走下去……”汪应洛说。

碧血丹心荐轩辕

——记中国工程院院士、西安交通大学教授汪应洛

杨永林、张哲浩/谢霞宇 《光明日报》记者/通讯员

“我来自上海，在陕西生活工作了55年。刚从事教育工作时，一没经费、二没设备，几乎没有条件实现梦想。但是我始终没有放弃最初的梦想，孜孜追求！每个人心中都有一个梦想，有了梦就不能轻言放弃。”前不久，83岁高龄的中国工程院院士汪应洛在网上写了一篇文章，他在文章开头这样写道。

“现在，我心中有一个更大的梦想——未来生活在山清水秀、空气清新、环境优雅的生态环境之中。同时，梦想陕西经济发达，产业结构优化，能源化工产业强大，装备制造业发达，现代服务业先进，呈现西部强省的风貌，民富省强，文化繁荣，既有周、秦、汉、唐的古朴风韵，又有国际化大都市的现代文明，成为国内先进的科教强省。”汪老深情地说。

科技报国　与时俱进

1957 年，应中央政府支援西部的号召，交通大学几千名师生员工，离开黄浦江畔，告别故乡亲友，浩浩荡荡地登上西行的专列，来到位于黄河之滨的古城西安。

当时，毕业不久的年轻硕士汪应洛就在那西迁的大军里。自此以后的 50 多年，他的生命便与中国的管理工程教育和研究紧紧地连在一起，在科学与教育的原野里，汪应洛始终站在学科发展的前沿，为我国管理工程、系统工程和工业工程学科的发展及相互融合做着大量系统的、开创性的工作，并将其理论与方法综合应用于工程管理和社会经济问题之中。

作为我国管理科学与工程领域的开拓者，早在 1980 年，汪应洛就将战略决策理论的研究，应用到区域经济发展战略中，提出并完成了利用系统工程理论和方法建立区域经济发展战略模型体系。他参加了由国务院组织的“山西省能源重化工基地发展战略”研究，为建立山西省长远规划提供了科学依据。尔后他作为首席专家，主持了陕西省经济、科技、社会智能决策支持系统的研制，推动系统工程在我国的应用和发展。

汪应洛还是我国教育系统工程的创建者之一。1982 年，他受国家教委委托，组织研究全国教育规划，提出并建立了教育规划模型，编制了全国和省（区）级应用软件，此项成果获国家教委科技进步二等奖；1983 年，汪应洛接受了全国人才规划研究的任务，他提出的人才

规划系统分析方法被国务院采纳，并协助组织全国 80 个部委和单位研究制定全国人才规划，于 1985 年建立了全国人才数据库。

1984 年，汪应洛作为长江三峡重大科学技术研究专家组成员，负责研究长江三峡工程综合效益评价和国民经济评价理论和方法、长江三峡决策和分析支持系统研究，获国家教委科技进步一等奖。1991 年汪应洛受国家科委、水利部和能源部的委托，对当时尚有争论的三峡大坝坝高及工程投资等进行系统分析和科学论证，并在实际中应用。1995 年，他提出基于计算机智能化的战略决策方法和支持工具，完成了宜昌地区城区供配电设计管理计算机智能决策支持系统、智能决策支持系统及信息处理研究，这两项研究成果分获国家教委科技进步一、二等奖。

汪应洛在高技术产业化过程和机制、可持续发展战略研究等方面也取得了显著成果。1995 年他主持了国家“863”高技术产业化过程和机制研究。通过大量案例分析，针对高技术产业化中产权、成果归属、实现产业化途径及机制等关键问题，提出高技术产业化需符合竞争、合作等市场经济规律的具体建议，对我国高技术发展战略的调整和完善起到积极促进作用，获国家科技进步二等奖。

1998 年至今，针对骤变环境下不确定程度高的特点，汪应洛依据战略过程“系统稳定源”特征提出了被国际上认为是“跨世纪战略管理研究与实践前沿”的企业柔性战略概念和以战略转换为纽带实现战略一体化的观点，使企业在不确定环境下，保持战略行为的灵活性、博弈性和有效性。1999年，汪应洛与英国伦敦商学院合作，对600多家国内外企业进行了大样本的调研和实证分析，验证了其可行性，并在国内海信、彩虹等企业得到应用。他提出的“精简、灵捷、柔性”生产系统概念和“灵捷网络化制造模式”理论和方法也一并在实施之中。

教育兴国　诲人不倦

汪应洛的名字是和中国管理工程学科教育及研究，与西安交大管理学院的发展联系在一起的。

1984年，在汪应洛的积极奔走和倡议下，西安交通大学管理学院在原管理工程系的基础上重新建立。他苦心经营，广泛培养和网罗人才，充分发挥人才的作用。经过一代又一代的努力，如今的西安交大管理学院已成为我国管理科学的重点学科，在国内外享有盛誉，拥有一流的师资力量和教学研究环境，他们正在努力把管理学院建成国内一流、国际知名的管理教育教学基地、创新研究基地和咨询服务基地。

50年的科教生涯，汪教授结下了累累硕果——他是我国管理工程学科首批博士生导师和博士后导师，在国内最早提出从有工程实践经验的人员中培养高级管理人才、双学位人才。他先后主持和参加了10余项国家重大科研项目，著书22部，出版教材8部，发表优秀学术论文近300余篇，获国家级、省级科技进步奖9项，获国家、省级教学成果奖3项，为国家培养了一大批高级科技人

才和管理人才，被国家授予“全国高校先进科技工作者”称号。他的学生像盛开的桃李之花，开遍祖国的大江南北，开遍世界各地。

现在，先生虽已年过八旬，但考虑最多的依然是如何为国家建设培养更多的高级管理人才，特别是管理学科的学术带头人和优秀企业家。他说：“在五十年的奋斗生涯中，我深刻体会到科学管理乃治国之道。我始终坚持和追求四个方面的结合：世界先进的科学管理理论、方法与我国国情的结合；科学管理与工程实践的结合；系统工程与管理工程、工业工程的结合；管理创新应用研究与高层次、实用型管理人才培养的结合。”

汪教授在教导学生时尽量创造一切条件和机会，把学生推向广阔的社会实践。他利用自己的社会交往和学术地位，极力推荐学生到国内外知名研究中心，广泛接触专家，增强实践能力和社会交往。汪教授的博士——西安交大副校长席酉民教授曾说：“今生能在汪先生门下读书是我的幸运。先生的人格和精神是活的课本，是我终生享用不尽的财富，他不但给我们传授专业知识，还给我们提供发挥、应用、提高专业知识的广阔天地。”

汪教授的一段话让人难以忘怀：“我是新中国培养出来的第一批大学生，我深深地爱着我的祖国。我这一辈子最钟情的是科研教育事业。我按着我的愿望走，一边搞科研，一边带学生，这条路我走着心里很踏实。能为国家多培养些人才，看着他们在各自领域发挥出来的作用，我感到非常欣慰！所以，我还会这样走下去！”

运筹，不只在帷幄中

佘惠敏　《经济日报》记者

采访汪应洛时印象最深的场景，是这位耄耋之年的学者在会议室中蹒跚一圈，与现场的师生和记者们一一握手致意。西安交大的师生们说，这种谦逊平和的学者风度，早已伴随汪老一生，成为他刻在骨子里的习惯。

“在50多年的奋斗生涯中，我深刻体会到科学管理乃治国之道。”作为我国管理工程学界的泰山北斗级人物，汪应洛始终坚持将世界先进的科学管理理论、方法与我国国情结合起来，让科学管理融入工程实践中。运筹捭阖，不只在帷幄之中，也深入到千里之外的实践里。

求索：强国之梦

1930年出生于安徽的汪应洛，本有一个安宁快乐的童年。7岁那年，日本侵略者的炮火打破了他平静的生活，随家辗转迁往重庆的他，在狂轰滥炸中度过了朝不保夕的小学和初中时代。

“我亲眼看见很多老百姓被炸死。有一次我放学回家，发现家没了，被炸成废墟，街上火光熊熊，到处是尸体和血，我随人流逃到江边，好不容易才找到家人。”回忆起小时候的经历，汪应洛至今仍义愤填膺，“无大国之强，就无小家之安。我从小就仇恨侵略者、热爱祖国，立下了振兴中华的志向。”

抗日战争胜利后，汪家迁往上海，在得来不易的学习环境中，向往科学救国的汪应洛，高中阶段培育了良好的文化素养，奠定了扎实的数理基础。

1949 年 5 月上海解放，当年，汪应洛同时考取了交通大学和圣约翰大学。“当时在上海，交通大学是民主堡垒、革命摇篮。我选择进入交大学习。”汪应洛自豪地说，“我是中华人民共和国培养的第一届大学生。”

汪应洛报考的本是工程管理专业，后因院系调整，从交通大学的机械工程系毕业。新生的中国百废待兴，急需各类高级人才，第一批大学生只读了 3 年就提前毕业，分配到祖国的各条战线中去。1952 年 11 月，汪应洛毕业留校被派到哈尔滨，从没学过俄语的他，被要求在一年内学好俄文，以便向前苏联专家学习。

1955 年，汪应洛从哈尔滨工业大学毕业，成为经过系统培养的新中国第一个工程管理方向的硕士研究生。随后，他返回上海，在交通大学从事管理工程教育工作。

因战略需要，国务院决定交通大学 1956 年主体迁往西安，形成西安交通大学和上海交通大学。汪应洛于

1957年带着全家随校迁往西北，在西安交通大学任教，一直坚守至今。

“当时上海工厂林立，从学科实践来讲，有很多有利条件。而西安没什么像样的大工厂，建校较艰难。”汪应洛说，迁校之初，周恩来总理曾与教师们谈话，提出“扎根大西北”的要求，他慨然应诺。“我曾有机会再回到上海，也有机会调到北京。但我在西安一住就是50多年，最后还是坚持了对总理的承诺。”

谦谦君子，一诺不悔。汪应洛这一生，不仅是在践行对总理的承诺，更是在求索如何实现从小立下的强国之梦。

坚韧：成功之本

一个人在漫长一生中难免遭遇各种挫折，只有那些充满勇气和韧劲的人，才能在挫折之后爆发出更加璀璨的光芒。汪应洛就是一个性情坚韧的人。

“文革”中他曾经被下放——“尽管在牛棚里，我也潜下心来攻读系统工程。希望的种子在等待中燃烧、蔓延……”

坚韧，让成功青睐了有准备的人。“文革”结束后，汪应洛在科研和教学两条线上都发力奋进，获得累累硕果。

从1978年开始，汪应洛在国内工程科技领域力求将工程与管理紧密结合，强调用系统工程整体优化的思想解决重大工程与战略决策问题，先后主持参加了三峡工程论证等10余项国家重大项目的研究。

他于1979年参加我国第一个管理学家代表团访美，对美国的管理教育作了比较全面的考察。回国后，针对我国管理教育现状，他在国内最早提出从有工程实践的人员中培养高级管理人才，并以西安交大为试点，率先推进工业工程管理的教育研究及应用。他主编的《系统工程理论方法与应用》、《系统工程》等著作，已经成为高校广泛采用的经典教材。

他曾不幸中风，1994年突发脑溢血，之后留下腿脚不便的后遗症。

“汪老师有持之以恒的坚持和忍耐。”西安交大管理学院副教授李刚说。他们陪汪应洛去做工程院的项目时，每一次去企业参观，汪应洛虽然身体不便，都坚持到生产车间和现场，和年轻人一样攀高爬低。面对好心人的劝阻，汪应洛说，“必须对一线生产有了解，才能提炼出管理中的问题。”

对一线生产实践的了解，让他们顺利地将生产率工程、先进制造管理模式等应用到制造业，在陕西鼓风机集团、陕西重汽集团等企业取得了良好的经济效益与社会效益。陕西鼓风机集团原来每年只有3亿到4亿元产值，在他们帮助下采用先进制造管理模式后，经过10年努力，年产值达近80亿元。

坚韧，让风烛残年的学者在大病后登上学术生涯的又一个高峰。“2003年我成为中国工程院院士，到现在整整10年，10年来一共参加了10项国家重大咨询项目。”汪应洛表示，“在工程院这个最高学术机构中，我作为一个80多岁的老人仍然增长了知识，增长了才干，我非常高兴。”

这位早已退休的八旬老人，至今仍坚持每天步行上班，甚至比年轻人还要勤勉。李刚就对这样一件小事记忆深刻：“上周陪老人家去北京出差，回西安的飞机晚点，晚上12点才到家，我说好好休息一下吧，可汪老师第二天早上八点半就到了办公室。”

回顾这一生的坚守，汪应洛感慨地说，“在漫长的50余年系统工程研究中，我不断追逐着自己的梦想，从未放弃，也一次次实现着自己的梦想。”

好奇：创新之源

高校是年轻人扎堆的地方。汪应洛在80多岁的高龄，还能跟“80后”、“90后”们玩到一起，这得益于他一生不变的好奇心。“汪老师喜欢时尚的东西，还爱玩手机呢！”西安交大管理学院副教授王能民曾是汪应洛的研究生，爱说爱笑的他喜欢汪老师身边的轻松氛围。

对新事物有好奇心，这是很多科学家的创新之源。汪应洛在多年的管理工程研究中，坚持不懈地学习和掌握各种新技术、新工具，并将之引入工程管理的实践。

他是我国管理科学与工程领域的开拓者，早在1980年就将战略决策理论研究应用到区域经济发展战略中，利用系统工程理论和方法建立起区域经济发展战略模型体系。他是我国教育系统工程的创建者之一，提出的人才规划系统分析方法被国务院采纳。早在计算机尚未普及的 1995 年，他就提出基于计算机智能化的战略决策方法和支持工具，获得原国家教委科技进步一等奖。

好奇心，能让杰出的科学家以与众不同的敏锐捕捉到世界最新的研发方向。汪应洛就拥有这样的敏锐。

“现在讲大数据，大家都觉得很重要。但这个方向，汪老师在 3 年前就注意到了，那时大数据还不时髦。当时我们自己也还有疑虑——我们是管理学院，搞大数据会不会变成数据处理学院？”西安交大管理学院院长黄伟教授说，在汪应洛的指导和学校领导的支持下，他们两年前就与美国麻省理工学院（MIT）开始大数据方面的合作。今年又与中国科学院等同行合作，联合申请的我国第一个关于大数据管理研究的国家自然科学基金重点项目，现已答辩成功。

作为一名老师，汪应洛还很注重保护学生的好奇心，激发他们的创新热情。西安交大管理学院党委书记孙卫教授曾是汪应洛的博士生。他说，汪老师对学生的论文有两条重要的要求，一是有新意，要创新；二是要附上案例，把创新的观点融入实践中去。

“希望青年一代更富有创造力，早日建成创新型国家。”汪应洛说。

博大：团结之魂

管理工程学是一门兼容并包的学科，融合了各种工程科学、数学、信息科学、管理科学、服务科学、知识科学的成果。作为一名管理工程学的帅才，汪应洛既有渊博的知识，又有博大的胸怀，把各学科的人才都团结到一起来。

副教授尚玉钒就曾诧异于汪应洛的渊博。“我写过一本人力资源方面的书，把草稿打印送给汪老师看，他很快给出意见，问我，谈绩效考核，像平衡绩分卡这样新的论点为什么没有纳入？薪酬一节，心理收入为什么没谈？这让我非常吃惊，因为人力资源本来不是他的研究方向，没想到他也能看得这么精准和超前。”

孙卫敬服于汪应洛的高远。“只要他在，他就是我们的灯塔。”孙卫说，汪应洛高瞻远瞩，早在20世纪80年代初期就推动了西安交大与加拿大名校的长期项目合作，用国际化的师资、研究方法和学术规范培养了一批国际化的管理学科人才。“管理学院的国际化，是老先生带出来的。”

黄伟还折服于汪应洛的大度和人格魅力。“他没有门户之见，虚怀若谷，既是一个优秀的科学家，又是一个杰出的领导者。”

渊博、高远、大度，汪应洛在西安交大打造了一个团结的队伍，融汇了带有各种学科背景的管理学研究人才。

“每一个院士都有自己的研究团队，我的团队就是西安交大管理学院，学院一半以上的教师参与过我的咨询项目。”汪应洛说，“我做出这么多重大咨询项目，依靠的不是个人的力量。”

时代呼唤有梦人

采访中，汪应洛老先生谈起了如今的热词“中国梦”。“如今，我虽已进入耄耋之年，但是我心中依然有一个更大的梦想——我梦想未来生活在一个山清水秀、空气清新、环境优雅的生态环境之中；我梦想着中国经济发达，产业结构优化，能源化工产业强大，装备制造业发达，现代服务业先进；我希望中华民族复兴，立足于世界强国之林，我希望中国民富国强，经济有新的发展。”

诗云：“老骥伏枥，志在千里；烈士暮年，壮心不已”。汪应洛这一辈的科学家，幼时遭遇战乱，成年后又饱经沧桑，然而，不论风吹雨打，他们都志在中华复兴，用毕生心血书写着科教兴国之梦。

薪火相传。50多年前，汪应洛是经过系统培养的新中国第一个工程管理方向的硕士。半个世纪后的今天，工程管理方向的硕士、博士已有不少。新中国的很多学科，都是这样从无到有地建立起来，让越来越多的逐梦人投入到祖国的建设大潮中来。

梦想，可以引领未来。要实现祖国强大、繁荣、昌盛的中华复兴之梦，我们还需要更多响应时代呼唤的有梦人。

汪应洛的专访

韩秀　中央人民广播电台记者

汪应洛的名字，是和中国管理工程学科教育及研究联系在一起的。

“现在我已经进入到耄耋之年，但是，我有我的中国梦。我自从7岁开始，受到日本侵略者的狂轰乱炸的时候，就有这样一个梦想：希望中华民族复兴，立足于世界强国之林。”

那时的重庆正处于日本对中国疯狂侵略时期，到处熊熊火光、血流遍地。7岁的他亲眼目睹，在一个防空洞中，几万人被活活闷死。

“我从小就受到了热爱祖国、发愤图强，希望能够中华复兴，从小就种下了这样的志向。”

正是这样的梦想，给了汪院士心底的动力。在60多年的科研教育生涯中，他为我国管理工程领域培养了53名博士和9名博士后。

“我在西安一住就是50多年，我还是坚持了我对总理的承诺，我要扎根西北，从事管理教育，忠诚党的教育事业。”

汪应洛提出，把系统工程和管理工程理论综合应用起来，可以解决众多社会经济问题。

“现在我们有些同志只考虑到工程建设重要、工程技术重要，而不知道工程管理，特别是越大的工程，更加需要工程管理。哈尔滨有个大桥，建成两年就坍塌了，大家都在说这是豆腐渣工程。实际上后来国务院调查组调查发现，这不是豆腐渣工程。任何工程都有它规定的限制的载重量。你想一个超重的汽车成天在桥上走，桥能不塌吗？所以我们说，工程管理是十分重要的。”

汪应洛：有梦想就不能轻言放弃

史俊斌 / 蒋冲亚　《科技日报》记者 / 实习生

前不久，83 岁高龄的中国工程院院士汪应洛在网上写了一篇文章。文章开头写到："我来自上海，在陕西生活工作了 55 年。刚从事教育工作时，一没经费、二没设备，几乎没有条件实现梦想。但是我始终没有放弃最初的梦想，孜孜追求！每个人心中都有一个梦想，有了梦就不能轻言放弃。"

虽已进耄耋之年，少年时的梦想已经实现，但是他说"我心中依然有一个更大的梦想——我梦想未来生活在一个山清水秀、空气清新、环境优雅的生态环境之中。同时梦想陕西经济发达，产业结构优化，能源化工产业强大，装备制造业发达，现代服务业先进，呈现西部强省的风貌，民富省强，文化繁荣，既有周、秦、汉、唐的古朴风韵，又有国际化大都市的现代文明，是国内先进的科教强省。"

立志科技报国

汪应洛1930年5月生于安徽省泾县，卢沟桥事变，随家迁往重庆。小学期间是在日本狂轰乱炸的战争环境中度过的，幼小的心灵经受了血与火的锤炼。抗日战争胜利后，举家迁往上海，对于得来不易的和平环境，他立志勤奋学习，向往科学救国。1949年5月上海解放，同年他进入交通大学学习工业管理工程。1952年由于院系调整毕业于交通大学机械工程系。

本科毕业后，汪应洛被国家派到哈尔滨工业大学学习管理，1955年研究生毕业。此间，他写出中国第一本管理教育的书《生产组织》。1957年响应中央政府支援西部的号召，年轻的汪应洛随交通大学几千名师生员工一起离开黄浦江畔，来到古都西安。在此后的50年里，他的一生便与中国管理工程研究和教育紧密相连，为我国管理工程、系统工程和工业工程学科的发展及相互融合做了大量系统性、开创性的工作，并将其理论与方法综合应用于工程管理和社会经济问题中。

作为我国管理科学与工程领域的开拓者，汪应洛院士先后主持和参加了10余项国家级科研项目，著书20余部，发表优秀学术论文近300篇，获国家、省级科技进步三等奖9项，国家和省部级教学成果奖4项。

紧张忙碌的工作让他的身体亮了两次红灯。1994年的一次国际会议上，刚刚作完报告的他突发脑溢血，被紧急送往医院。起初他半身瘫痪，但理疗时他特别努力，意志坚强，休息不到半年，基本就正常了。第二次是2001年春节，他从外出差回来发现肠梗阻，一检查患了结肠癌，大年初一动手术。但他却反过来安慰妻子，“（脑溢血那次）幸好我还没去新疆开下一个会，那边医疗条件没有北京好，我恢复得就没这么快了。”

站在科技前沿

汪老师的学生——西安交通大学副校长席西民教授说：“回顾汪老师一生的研究兴趣，有一点令人敬佩，那就是他始终以敏锐的目光捕捉着学科前沿。”

20世纪80年代系统工程刚刚兴起，他不仅密切关注、深入研究、积极推广，而且将之和管理相结合。汪应洛教授创建了崭新的方法论和模型体系，是国内综合应用系统工程和现代管理理论、方法解决社会、经济问题的一位开拓者。参与完成“山西省能源重化工基地发展战略”研究、“2000年的中国”研究，完成三峡工程综合经济评价及决策支持系统研究，建立全国教育规划模型并参与制定全国人才规划等。

1994年提出生产率工程及提高生产率系统化方法，在企业中得到应用，1995年获陕西省科技进步二等奖。1995年提出基于计算机智能化的战略决策方法和支持工具，并完成了宜昌地区“城区供配电设计管理计算机智能决策支持系统”和“智能决策支持系统及信息处理”研究，1997年和1998年分获国家教委科技进步一、二等奖。1995年主持“863”高技术产业化过程和机

制研究，取得显著成果，1997年获陕西省科技进步二等奖。1998年至1999年参加国家“九五”攻关项目“分散网络化制造及管理研究”，提出“灵捷网络化制造模式”理论和方法以及实施途径，1999年获国家机械工业局科技进步二等奖；2001年获中国机械工程学会颁发的科技成就奖（五年一次）。2008年荣获中国工程院光华科技工程奖。2012年10月荣获第一届系统科学与系统工程终身成就奖。

近年来，针对骤变环境不确定度高的特点，国际上开始关注一批大型企业濒临困境及由此引发的战略柔性问题。汪应洛又提出企业柔性战略概念和以战略转换为纽带实现战略一体化的管理方法，并在国内海信、长虹等一批企业中得到了应用。他还提出“精简、灵捷、柔性”生产系统科学管理的概念和“灵捷网络化制造模式”理论和方法已在实施之中。

开创管理工程时代

2010年5月21日是汪应洛院士80岁寿辰。当日上午，西安交通大学南洋大酒店国际会议厅高朋满座。“庆贺汪应洛教授执教60周年”纪念大会在这里举行。在庆祝仪式上，汪应洛院士和夫人张娴如老师共同为“汪应洛青年学子奖学金”揭牌。

原来，每年汪老师过生日，学生们都会想办法向老师表达自己的感激之情和美好祝福。汪老师不愿意因为个人的生日，给学生们造成额外负担。现在，如果学生们想要表达感激，可以支持老师关注的事业、一直倾心的对后辈学生的培养。凝聚感激之情，便结成了“汪应洛青年学子奖学金”，主要鼓励在学习和科研中取得优异成绩、有创新进取精神、并有志为中国管理工程教育事业做出贡献的35岁以下的博士研究生或博士后。

1984年，在汪应洛的倡议下，西安交通大学管理学院在原管理工程系的基础上重新建立。经过一代又一代的努力，如今的交大管理学院已经成为我国管理科学的重点学科，在国内外享有盛誉。“在我的亲身经历中，我深深地感受到管理工程教育的发展不是一帆风顺，而是历经坎坷的。”2007年，在哈尔滨工业大学的一次会议上，回忆起往事，汪教授依旧感慨不已。

对工程管理，刚开始人们不认识，社会不承认，政府不支持，汪应洛带领大家相互鼓励。在多方努力下，管理学科终于有了它的位置，成为与工科相平行的学科门类。他说：“也许你们可能觉得这没什么，认为这是很正常的事，实际上是我们经过50多年的奋斗才取得这样的地位。今天，我特别高兴能在这，在管理工程学科的发源地再来回顾管理工程学科的发展。”丝丝的银发诉说着岁月的艰辛，矍铄的目光充满了坚定的信念。

汪应洛带领了一个时代，更开创了一个时代，一个属于管理工程学的时代。

汪应洛：开创管理工程学时代

陆琦　《中国科学报》记者

“老骥伏枥，志在中华复兴。”

说起自己的“中国梦”，83 岁高龄的中国工程院院士汪应洛意气风发：“我希望中华民族复兴，立足于世界强国之林；我希望民富国强，早日建成小康社会，百姓都能生活在环境优美、生态文明的社会当中；我希望青年一代更加富有创造力，早日建成创新型国家，中国经济有新的发展。”

作为我国系统管理学科的奠基人、管理工程研究与教育的开拓者之一，汪应洛为发展管理工程学，一干就是半个多世纪。50 年艰辛，50 年收获。而今已是耄耋之年的他，追梦的脚步仍未停止。

扎根大西北

从 7 岁开始，汪应洛就树立了民族复兴的“中国梦”。

在汪应洛的儿时记忆里，充斥着日本侵略者的狂轰乱炸。上学要爬过尸横遍地的街道，家被炸平烧成灰烬，几万人闷死在防空洞内……从那时起，他就立下了发愤图强、振兴中华的志向。

1949年,19岁的汪应洛考入当时上海的民主堡垒——交通大学工业管理工程系，成为新中国培养的第一代大学生。

1952年11月，汪应洛本科毕业后被派到哈尔滨工业大学学习管理。“从上海到北疆哈尔滨，生活确实艰苦。但那个阶段却是一生中系统学习知识的重要时期。”

1955年研究生毕业时，汪应洛成为我国第一个通过答辩的管理工程研究生。毕业后，他返回母校交通大学，从事管理工程学的研究和教学工作。

1957年,在国家支援西部的号召下，年轻的汪应洛随交通大学几千名师生一起离开黄埔江畔，来到古城西安。“从繁华的上海到荒凉的西北，对交大师生是重大考验。当时西安连一个像样的工厂都没有，确实非常艰难。”

然而，汪应洛在那里一住就是50多年。其间，他有机会回到上海,也有机会调往北京,可都被汪应洛婉拒了。“当年周总理勉励交大人扎根大西北，我坚持了对总理的承诺，忠诚于党的教育事业。”

科学理论服务经济发展

汪应洛的名字，与我国管理工程学科教育及研究紧

密联系在一起。在他的带领下，我国管理工程学、系统工程学和工业工程学三个学科得以融会贯通，并形成了独具特色的中国系统管理学派。

他还率先在我国推动系统工程在社会、经济系统的研究和应用，并积极推动科学管理理论和方法的推广应用，为经济发展作出了重要贡献。

例如，参加由国务院组织的“山西能源重化工基地发展战略研究”；作为长江三峡重大科学技术研究专家组成员，负责长江三峡工程综合效益评价和国民经济评价理论和方法、长江三峡决策分析支持系统研究；提出基于计算机智能化的战略决策方法和支持工具；主持国家“863”高技术产业化过程和机制研究，对我国高技术发展战略的调整和完善起到积极促进作用……

“一个优秀的教师只有通过承担国家重大科研任务，才能为国民经济建设作出应有的贡献。”秉持这个信念，汪应洛将工程与管理紧密结合，运用系统工程理论和方法进行工程论证、发展规划、战略决策等方面的研究。

2003年，73岁的汪应洛当选中国工程院院士，这令他既意外又兴奋，“没想到七十几的老人还能进入工程院增长知识、增长才干”。

十年间，汪应洛带领西安交通大学管理学院的研究团队参加了10个中国工程院重大咨询项目。“很高兴在晚年还可以为国家建设略尽绵薄之力，实现我人生中迟到的飞跃。”

追逐的脚步仍在继续。近两年，汪应洛和他的团队又开拓了一些新的研究领域，比如工程、制造和现代服务业联动发展，大数据产业管理和工程管理理论体系的研究等。

创新研究结合人才培养

在 50 多年的科教生涯中，汪应洛始终坚持和追求管理创新应用研究与高层次、实用型管理人才培养相结合。

1979 年，汪应洛参加了我国第一个访美管理学家代表团，回国后向教育部极力建议从有实践经验的工程技术人员中培养高级工程管理人员，同时在西安交通大学管理学院率先力行。

1984 年，汪应洛推动建立我国第一批管理学院，进一步促进了我国的管理教育。

上世纪 90 年代初，汪应洛又提出发展工业工程学科的设想，率先在西安交通大学管理学院设立工业工程专业，培养出一批工业工程专业的高级人才，并协助工业部门培养了上万名自考的工业工程本科生，受到工业界的欢迎和好评。

汪应洛认为，开展国际间的广泛交流与合作对于科研和教学都具有重要意义。“青年是中国管理科学发展和工程管理水平提高的希望所在，青出于蓝而胜于蓝，每一个青年的脱颖而出都使我感到莫大的欣慰。”

汪应洛的博士生、西交利物浦大学执行校长席酉民说：“能在汪先生门下读书是我的幸运。先生的人格和精神是活的课本，是我终生享用不尽的财富，他不但给我们传授专业知识，还给我们发挥、应用、提高专业知识的广阔天地。”

汪应洛虽因一次疾患而行走微艰，但他对科研与教育的热情依然不减。“我这一辈子最钟情的就是科教事业。一边搞科研，一边带学生，这条路我走着心里很踏实。”

史赋重任

自工业革命开始以来，科学技术就成为生产力的重要组成部分。工程科学技术是科学和产业的桥梁，是推动人类文明进步的发动机。中国的改革开放，从某种意义上说，是制度变革对生产力的解放，也是对科学技术发展桎梏的解放。

应运而生的中国工程院是中国工程科学技术界的最高荣誉性、咨询性学术机构，承载着党和人民的重大期望和热切期盼，作为国家工程科技思想库，为工程科技发展服务,为中国现代化事业作贡献,是中国工程院的"天命"。院士群体就是这个"天命"的重要承载者。

中国工程院院士以强烈的责任心和紧迫感，在各自工作岗位上奋发图强，敬业奉献，勇于攀登，敢为人先，在各自的专业领域发挥领军作用，全力完成国家重大科技攻关任务，努力攀登世界科技高峰，为国家经济社会发展作出了重要贡献。这体现了他们对党和人民矢志不移的坚定信念，体现了自主创新的奋斗精神，严谨务实的科学态度，高瞻远瞩的战略胸怀，以及无私奉献的崇高品格。

中央媒体对陈一坚等9位院士及其团队的先进事迹进行了集中宣传报道，在社会各界引起强烈反响。我们汇集了记者的报道文稿，以“天命”为书名，讲述院士的故事，以飨读者。

编者

2013年9月